JÉSUS

Jean Aicard

JÉSUS

PARIS

ERNEST FLAMMARION, ÉDITEUR

26, RUE RACINE, 26

A

MON GRAND-PÈRE

JACQUES AICARD

MORT

LE 29 SEPTEMBRE 1872

A MON GRAND-PÈRE

Avant d'aller dormir près de toi dans la terre,
J'ai voulu, pour ta joie, écrire ce *Mystère*,
Tel un pâtre ignorant, sur un morceau de bois,
De son couteau grossier sculpte un Jésus en croix.
Et j'ai fait ce travail, où se complut mon âme,
Grand-père, en souvenir de cette belle flamme
Que mon regard surprit vivante au fond du tien,
Quand, tourné vers l'Espoir, tu mourus en chrétien.

27 juillet 1895.

LES PÈLERINS

PRIÈRE DANS LE SOIR

LES PÈLERINS

PRIÈRE DANS LE SOIR

Vers Emmaüs, à l'heure où la clarté finit,
Lentement, — ils devaient marcher soixante stades, —
Deux hommes cheminaient, causant en camarades...
Une Ombre, qui venait derrière eux, les joignit.

Disciples de Jésus, ils parlaient de leur maître
Que Magdeleine et Jean croyaient ressuscité.
Une Ombre maintenant marchait à leur côté.
C'était Jésus, mais rien ne le faisait connaître.

Il leur dit : « De quoi donc parliez-vous en marchant ?
Et pourquoi semblez-vous si tristes, pauvres hommes ? »
« Tristes, lui dirent-ils, tristes, oui, nous le sommes ! »
Et le son de leur voix était grave et touchant.

« Es-tu donc tellement étranger à la Ville,
Que tu ne saches pas notre malheur récent ?
Jésus de Nazareth, un prophète puissant,
Depuis trois jours à peine est mort d'une mort vile.

« Les sacrificateurs, les docteurs de la Loi,
Nos magistrats, l'ont tous condamné. Quelle honte
... Mais, toi, reste avec nous parce que la nuit monte..
Inconnu, nous aimons à causer avec toi. »

Or, depuis un instant, leurs paroles funèbres
Retombaient sur leur cœur, dans la nuit, lourdement
Un deuil affreux venait sur eux, du firmament ;
En eux, comme autour d'eux, tout n'était que ténèbres

Et dans l'abandon triste où les laissait le jour,
Vainement ils cherchaient, au ciel vide, une étoile;
Ils voyaient l'étranger comme à travers un voile,
Mais ils sentaient en lui comme un attrait d'amour.

S'il s'éloignait un peu, leur cœur, empli de troubles,
Aussitôt amoindri, défaillait et pleurait...
S'il se rapprochait d'eux, tout contents en secret,
Ils se sentaient monter au cœur des forces doubles.

C'était alors en eux comme un flot de chaleur,
Le doux rayonnement d'une intime lumière ;
Ils ne comprenaient plus leur détresse première
Ni pourquoi le chemin leur devenait meilleur.

Et les deux pèlerins que le Spectre accompagne
Répétaient à Celui que l'on ne peut pas voir :
« Reste avec nous, Seigneur, parce que c'est le soir
Et notre angoisse croît dans la nuit qui nous gagne. »

Or, Christ, ressuscité depuis dix-huit cents ans,
Vient de mourir encor, mais d'une mort tout autre ;
Et dans ce siècle obscur il a plus d'un apôtre
Et plus d'un pèlerin dans les doutes présents.

Nos Scribes, attachés à la lettre du Livre,
Par sottise les uns, d'autres par intérêt,
N'ont plus ni les rigueurs ni l'amour qu'Il aurait ;
Mais dans la nuit qui vient nous le sentons revivre.

Il vit. La nuit immense a beau venir sur nous,
Ténèbres de l'esprit qui nie et qui calcule,
Nous avons beau sentir, dans l'affreux crépuscule,
Défaillir à la fois nos cœurs et nos genoux;

Chacun de nous revoit, dans la nuit de son âme
Ce fantôme divin, pur esprit, noble chair,
Qui nous a fait tout homme et tout enfant plus cher,
Notre mère plus tendre et plus douce la femme.

Chacun de nous le voit, le doux spectre voilé,
Luire ineffablement dans l'ombre intérieure,
Dans l'ombre aussi qui tombe, en cette mauvaise heure
Du vide qui, jadis, fut un ciel étoilé.

A son charme infini qui de nous se dérobe ?
Ignorant ou savant, qui donc est bon sans lui ?
Tous les astres sont morts qui pour d'autres ont lui,
Mais nous sommes frôlés des lueurs de sa robe.

Là-bas, derrière nous, l'affreuse Ville en deuil,
Dressant sur le ciel rouge, en noir, les toits du Temple,
La hautaine cité du crime sans exemple,
Nous envoie en rumeurs les cris de son orgueil.

C'est un bruit d'or tintant sous de hauts péristyles,
C'est l'appel des soldats veillant sur les remparts ;
Et le monde ébranlé craque de toutes parts
Sous le riche oublieux des mendiants hostiles

Mais en nous, contre nous, nous avons un recours,
C'est la bonté, c'est la pitié, c'est l'Évangile :
Nous sentons tout le reste incertain et fragile.
Le ciel est vide et noir ; et c'est la fin des jours ;

Mais le spectre d'un Dieu marche encor dans nos routes
Avec sa forme humaine au sens mystérieux.
Nos chemins effacés s'éclairent de ses yeux,
Et sa blancheur nous guide à travers tous les doutes.

Oh ! puisque la nuit monte au ciel ensanglanté,
Reste avec nous, Seigneur, ne nous quitte plus, reste !
Soutiens notre chair faible, ô fantôme céleste,
Sur tout notre néant seule réalité !

Ta force heureuse rentre en notre âme plaintive
Et même les tombeaux sont clairs de tes rayons...
Toi par qui nous aimons, toi par qui nous voyons,
Reste avec nous, Seigneur, parce que l'ombre arrive !

Seigneur, nous avons soif ; Seigneur, nous avons faim
Que notre âme expirante avec toi communie
A la table où s'assied la Fatigue infinie,
Nous te reconnaîtrons quand tu rompras le pain.

Reste avec nous, Seigneur, pour l'étape dernière ;
De grâce, entre avec nous dans l'auberge des soirs...
Le Temple et ses flambeaux parfumés d'encensoirs
Sont moins doux que l'adieu de ta sourde lumière.

Les vallons sont comblés par l'ombre des grands monts
Le siècle va finir dans une angoisse immense ;
Nous avons peur et froid dans la mort qui commence...
Reste avec nous, Seigneur, parce que nous t'aimons.

JÉSUS

I

LES BERGERS DANS LA MONTAGNE

UN VIEUX BERGER.

Bonjour, berger.

UN JEUNE BERGER.

Bonjour.

LE VIEUX BERGER.

Connais-tu la nouvelle.

LE JEUNE BERGER.

Te moques-tu de moi? Sur ce coteau perdu,
Nos troupeaux sont muets. Pas un agneau ne bêle.
Le silence est partout. Je n'ai rien entendu.

LE VIEUX BERGER.

Trois amis m'ont conté, trois vieux pasteurs de chèvres,
Qu'ils ont vu dans le ciel un ange, cette nuit ;
Il leur a dit, parlant, comme toi par tes lèvres :
« Le Messie est né ! »

LE JEUNE BERGER.

L'ange aura parlé sans bruit...
Et pour moi je n'ai vu que deux blanches nuées.

LE VIEUX BERGER.

Oui, les ailes de l'ange.

LE JEUNE BERGER.

Il ne m'a point parlé.
Mes oreilles, au grand silence habituées,
Sauraient si même un cri d'oiseau l'avait troublé.

LE VIEUX BERGER.

Tu n'as rien entendu ?

LE JEUNE BERGER.

Pas même les chouettes.

LE VIEUX BERGER.

Tu n'as rien vu?

LE JEUNE BERGER.

Là-haut, toujours au même lieu,
Les constellations qui parlent en muettes.

LE VIEUX BERGER.

Je t'annoncerai donc la naissance d'un Dieu.

LE JEUNE BERGER.

Je n'en connais qu'un seul. C'est celui de Moïse.

LE VIEUX BERGER.

Un autre vient de naître ; un meilleur, un plus doux.

LE JEUNE BERGER.

Parle, vieux ! je t'écoute avec peine et surprise :
La vieillesse radote. On respecte les fous.

LE VIEUX BERGER.

Ne ris pas ! Ce Seigneur est né dans une étable.
Comme il fait froid, un âne, un bœuf, soufflent dessus.
Ils l'aiment, devinant qu'il sera charitable,
Et c'est un messager de Dieu nommé Jésus.

LE JEUNE BERGER.

Dieu, c'est un Salomon, compère, un vieux monarque :
Il a des légions, des trônes et de l'or ;
Un envoyé du ciel porterait mieux sa marque
Et viendrait sous l'éclair au sommet du Thabor.

LE VIEUX BERGER.

Pense comme tu veux ; moi, je crois aux prophètes.
Je vais à Bethléem, pour voir ce nouveau-né.

LE JEUNE BERGER.

Mais... si je te suivais, qui garderait nos bêtes ?

LE VIEUX BERGER.

Le Dieu par qui l'enfant nouveau nous est donné.

LE JEUNE BERGER.

Eh bien... je vais te suivre.

LE VIEUX BERGER.

Iras-tu la main vide ?

LE JEUNE BERGER.

Toi, que lui portes-tu ?

LE VIEUX BERGER.

Moi, je suis pauvre, ami :
Pas un seul n'est à moi des moutons que je guide,
Et j'en suis si fâché que je n'ai pas dormi.
Mais je compte, n'ayant à moi brebis ni laine,
Pour l'enfant qui nous vient tout nu comme un oiseau,
Dans la flûte que j'ai souffler à perdre haleine,
Et mettre tout mon cœur dans ce pauvre roseau...

LE JEUNE BERGER.

Et moi j'égorgerai mes deux jeunes colombes,
Si ta nouvelle est vraie, en l'honneur de ton Dieu !

LE VIEUX BERGER,

Mon Dieu... fera sortir, frère, les morts des tombes ;
Rien ne doit plus périr par le fer ou le feu.
Porte-lui des agneaux vivants : il les caresse.
Porte-lui des ramiers : il les baise en pleurant.
Mais déjà le bœuf, l'âne, ont connu sa tendresse...
Partons vite : un Dieu bon, mon frère, est le seul grand !

II

L'HOTELLERIE DE BETHLÉEM

JOSEPH.

Il faiit froid donne-nous une place à ton feu.

L'HÔTELIER.

Non.

JOSEPH.

Ma femme est enceinte.

L'HÔTELIER.

Eh ! j'entends.

JOSEPH.

Je t'en prie.

L'HÔTELIER.

Non ! quand tu serais diable ou quand tu serais dieu
Je n'ai plus une place en mon hôtellerie.

JOSEPH.

Elle souffre. Son sein porte un fruit innocent :
Veux-tu que notre espoir, frère, meure en naissant?

L'HÔTELIER.

Pauvre femme !... Veux-tu coucher dans mon étable ?

MARIE.

Bien volontiers.

L'HÔTELIER.

Venez. C'est tout ce qu'il vous faut.
Et si vous ne trouvez dans le foin lit ni table,
L'âne et le bœuf, qui sont très doux, vous tiendront chaud.

III

LES BERGERS DANS L'ÉTABLE

LE VIEUX BERGER.

Regarde. On a posé près de lui, sur la paille,
Bien des présents déjà, des œufs frais, du froment,
Tous les meilleurs trésors du pauvre qui travaille...
Voudra-t-on écouter ma flûte seulement ?
Frère, offre-lui d'abord tes blanches tourterelles...

LE JEUNE BERGER.

Je vous offre, Seigneur, deux oiseaux que j'ai pris.

LE VIEUX BERGER.

Regarde : avec ses bras, il imite leurs ailes !

LE JEUNE BERGER.

Écoute : avec sa lèvre, il imite leurs cris !

LE VIEUX BERGER.

Pour moi, joli Seigneur, je suis pauvre et j'apporte..

MARIE.

Quoi donc ?

LE VIEUX BERGER.

Je n'ose pas vous dire. C'est si peu !

JOSEPH.

Quel est tout ce grand bruit qui se fait à la porte ?

UN PAGE, *entrant.*

Les Mages d'Orient viennent voir l'Enfant-Dieu :
Une étoile fidèle a guidé le voyage.

LE VIEUX BERGER.

Frère, retirons-nous, pour l'instant ; cachons-nous ;
Laissons entrer ces rois et tout leur équipage.
Restons là, dans un coin de l'étable, à genoux.

LE PAGE, *aux serviteurs qui se pressent à la porte*

Le toit est bas. Laissez dehors les dromadaires.

Il annonce les Mages.

Le seigneur Balthazar ! — Le seigneur Melchior !
Le roi Gaspard !... suivi de ses hauts dignitaires...
Et tous viennent offrir l'encens, la myrrhe et l'or.

LE JEUNE BERGER.

Sortons de notre coin. Viens donc que je les voie.

LE VIEUX BERGER.

Ils riraient de nous voir sous nos pauvres sayons.

LE JEUNE BERGER.

Ils ont mis leur couronne et leurs manteaux de soie.

LE VIEUX BERGER.

Oui, mais Jésus a mis sa couronne en rayons !

LES TROIS MAGES.

O Seigneur, roi du ciel...

MARIE.

Pardonnez-moi, grands Mages,
Mais un homme était là, quand vous êtes entrés,
Qui n'avait pas fini de rendre ses hommages
A mon petit Enfant que tous vous adorez.
Il croirait que pour vous peut-être on le rebute.....

Au vieux berger.

Pourquoi te caches-tu, brave homme, dans un coin ?

LE VIEUX BERGER

C'est que.... je ne peux rien offrir... qu'un air de flûte...

MARIE.

Viens donc... Pour voir l'enfant tu serais un peu loin...
Allons, sonne, berger ! Nous aimons la musique.

LE VIEUX BERGER, *au jeune.*

J'obéis, mais j'ai peur.

LE JEUNE BERGER.

Souffle en fermant les yeux

LE VIEUX BERGER.

Non, je veux voir l'Enfant !

Le vieux berger joue de la flûte

MARIE.

Il dit, dans son cantique,
La paix de son bon cœur et la gloire des cieux.

JOSEPH.

La musique s'arrête.

MARIE.

Et l'Enfant va sourire.

JOSEPH.

Que diront Balthazar, Gaspard et Melchior ?

MARIE.

C'est bien. Merci, berger... Grands rois que l'on admire
A présent, vous pouvez offrir la myrrhe et l'or.

IV

NAISSANCE DE LA PITIÉ

Ces nombres d'or : « Aimez-vous bien les uns les autres, »
Dans l'Acte et dans le Mot ne régnaient pas encor ;
Il fallait qu'un sublime étranger les fît nôtres
Et que, du lingot brut, il fît sa pièce d'or.

Pour que la Charité s'envolât d'âme en âme,
Il fallait lui donner l'aile des beaux discours,
Et que, vie et parole, elle devînt un drame
Dont le héros charmant suscitât des amours.

Il fallait, pour toucher les âmes paysannes,
Que, blond comme la gerbe, il eût des yeux d'azur ;
Que sa simplicité cheminât sur des ânes
Et qu'il sût distinguer la nielle du blé mûr ;

Que celle en qui dormait l'espoir de l'Évangile,
Ne sût où déposer son fruit mystérieux
Et que cet abandon fît, sur l'enfant fragile,
Par les fentes du toit étinceler les cieux.

Né d'une pauvre femme, il fallait que le Maître,
Qu'attendaient le bœuf, l'âne et les rois à genoux,
Inspirât la pitié même avant que de naître,
Pour que les malheureux disent : Il vient chez nous.

V

LA FUITE EN ÉGYPTE

Lorsque Hérode eut appris que pour voir un enfant
Dans une étable, rois, bergers, tous à la ronde
Accouraient, l'appelaient Maître et Sauveur du monde
Le salluaient Messie et roi, Dieu triomphant,

Le tétrarque, tremblant pour ses droits éphémères,
Furieux, donna l'ordre aux bourreaux étonnés
D'égorger en tous lieux les enfants nouveau-nés
Et partout tressaillit d'effroi le cœur des mères.

Et de bons laboureurs, prenant Joseph à part,
Lui dirent en secret l'effroyable nouvelle.
Mais, tout terrifié de ce qu'on lui révèle,
Joseph ne songea pas tout d'abord au départ.

Le péril est partout. Que faire et comment faire ?
Il n'osait prévenir Marie, et restait là.
Alors la voix d'un pauvre animal lui parla :
Mon Dieu, oui, tout à coup, l'âne se mit à braire.

« Mettons vite le bât sur l'âne, se dit-il,
Et fuyons en Égypte et plus loin, tous les quatre ! »
L'âne partit gaîment et sans se faire battre ;
On eût dit qu'il avait flairé ce grand péril.

Joseph marchait, la bride en main, et l'âne, agile,
Berçait sur son vieux dos la mère de Jésus
Qui tenait ses deux bras bien serrés, et, dessus,
L'Enfant-Dieu qui portait, sous son front, l'Évangile.

L'âne, quoique naïf, peut-être un peu rêveur,
Jaloux des grands chameaux dont le pas est si large,
Vif et comme léger sous cette triple charge,
Paraissait tout joyeux de sauver le Sauveur.

VI

L'ENFANT AU BERCEAU

Tous les matins, avant le réveil des oiseaux,
Sur le berceau, dont elle entr'ouvrait les longs voiles,
Sa mère déposait des fleurs, fines étoiles,
Du bleu de ses yeux, bleus comme les claires eaux.

Elle y posait des lys plus soyeux que la soie,
Droits et purs, mieux vêtus que le roi Salomon,
Car la beauté vaut mieux que l'éclat de Mammon,
Et la candeur inspire aux âmes de la joie.

Parfois elle apportait aussi des épis d'or,
Blonds comme les cheveux du petit enfant rose,
Et jamais près de lui ne laissait une chose
Qui ne lui parût pas plus riche qu'un trésor.

Près du berceau dormaient, entre des branches frêles,
Colombes, passereaux, libres, apprivoisés ;
Et lui, dès le réveil, envoyait des baisers
Aux fleurs, aux passereaux, aux douces tourterelles.

Il grandit. Quand il fut en âge de courir,
Il jouait, façonnant, avec un peu d'argile,
Des oiseaux et des fleurs, d'une grâce fragile,
Qu'il souhaitait de voir ou voler ou s'ouvrir.

Et c'est pourquoi, jeune homme, il sut dire aux Apôtres :
— « Si vous comprenez bien ce que j'ai sous le front,
Les âmes fleuriront, les cœurs s'envoleront...
Suivez ma voie. Il faut s'aimer les uns les autres. »

VII

A DOUZE ANS

Or, cette année, après la Pâque, grande fête
D'où les enfants devaient revenir assagis,
Le bon Joseph, avec bien des soucis en tête,
Quittant Jérusalem, retournait au logis.

C'était loin, Nazareth. Et voisins et voisines
Par groupes et nombreux faisaient ce long chemin,
Et les petits, tentés par les fleurs des collines,
Trompant leur mère lasse, abandonnaient sa main.

6

— Où donc est-il, ce diable? Ah ! l'engeance maudite !
— Je l'aperçois là-bas qui se pique aux chardons.
— Voyez, il court offrir ses fleurs à ma petite.
— Ils reviendront toujours, bien sûrs de nos pardons.

Et tout le long du jour ce sont mêmes paroles,
Et les enfants, d'un groupe à l'autre, vont, rieurs,
Se montrant de grands lys, buvant dans les corolles,
Apparaissant ici quand on les croit ailleurs.

Et Joseph, sérieux, répétait à Marie :
« Le cèdre du Liban se vend toujours plus cher ! »
Et mille autres propos sur la charpenterie,
Tandis qu'elle songeait à la chair de sa chair...

— Et Jésus ? disait-elle. — Il joue avec les autres;
Tous ceux de Nazareth sont en bande là-bas.
— Avez-vous vu mon fils ? — Il entraîne les nôtres,
Voisine. — Et les parents ne le rappelaient pas.

Or, on avait marché tout un long jour sans ombre,
Et les enfants plaintifs revinrent un par un
S'accrocher à leur mère, ayant peur dans le sombre,
Et leur bouquet trop lourd devenait importun.

Quel âge a-t-il? « Douze ans. » Mais alors c'est un homme:
Il saura bien toujours retrouver ses parents...
— Mon fils est égaré, bon passant... Il se nomme
Jésus. Il est tout blond avec des yeux très grands.

Et dans la nuit montante, au bord de la vallée,
Revenant sur leurs pas, par le chemin désert,
Marie avec Joseph, d'une voix désolée,
Appelaient... De tout temps Marie a bien souffert.

Jusqu'à Jérusalem, pleins d'angoisse mortelle,
Il fallut retourner... Songez donc quelle nuit !
Oh ! que ne souffrit pas Marie ! et que dit-elle,
Lorsqu'on se retrouva dans la ville, sans lui !

Deux jours sans le revoir ! Deux longues nuits encore
Des rêves sans sommeil... Oh ! des rêves affreux !
Quelle couleur de deuil eut la troisième aurore !
Et les parents, pleurant sur lui, pleuraient sur eux.

Et le troisième soir, sur les places publiques,
Comme ils erraient encor, pâles, tremblants d'effroi :
— Cet enfant de douze ans a de fortes répliques,
Dirent, passant près d'eux, des docteurs de la Loi.

— Oh ! par pitié, de qui parlez-vous ? dit la femme.
— D'un petit charpentier que l'on nomme Jésus...
Elle court... « C'est mon fils ! » Et ses mains et son âme
Attirant le beau front, se reposaient dessus.

Elle l'éloigne un peu, lui sourit, le contemple,
Et le gronde : « Il n'a pas songé que nous pleurions ! »
Depuis trois jours, l'enfant, très grave, dans le Temple,
Aux docteurs attentifs posait des questions ;

Et tous l'interrogeaient, admirant ses réponses...
— « Ah ! le méchant ! méchant petit insoucieux ! »
Mais lui, tranquillement, répondit aux semonces :
— « Avant tout je me dois à mon Père des cieux :

« Pourquoi me cherchiez-vous ? »
On revint au village.
Eux, ne comprenant point, grondaient toujours un peu.
Et depuis ce temps-là, toujours plus grand, plus sage
Il leur était soumis et croissait devant Dieu.

VIII

LE GRAND CHAGRIN

Or, Jésus adorait sa mère, qui, divine,
L'avait si tendrement bordé dans son berceau,
Réchauffé dans le nid comme un petit oiseau,
Et, lorsqu'il avait peur, caché dans sa poitrine.

Mais le désir naissait en lui d'approcher Dieu,
De hausser son esprit pour être utile aux hommes ;
Il songeait : « Nous serions meilleurs que nous ne sommes,
Si nous réalisions nos rêves, rien qu'un peu. »

C'est alors qu'il allait, en fraude, dans le Temple,
Où, grave, il s'attaquait aux docteurs de la Loi.
Sa mère le cherchait partout... — « Malheur sur moi!
Mon fils donne aux enfants le plus méchant exemple!

« Il croit savoir ce qu'à son âge on n'apprit pas ;
Il irrite de vieux savants qu'il blâme et loue ;
Et puis, trop confiant, il cause, il rit, il joue
Avec le méchant fils de nos voisins, — Judas !

« Rentre au logis, petit bavard ! taille des planches !
Au lieu de tant parler, travaille de tes mains ! »
Il s'échappait, cueillant des fleurs par les chemins,
Et pour sa gerbe heureuse il préférait les blanches.

Et, devant lui, Marie ayant dit tristement :
— « Ce n'est pas tout bonheur, allez, d'être sa mère ! »
L'enfant pleura, trouvant cette parole amère,
Et son cœur ressentit déjà l'isolement.

IX

IL CROISSAIT DEVANT DIEU

Et puis ?... De ces douze ans sublimes jusqu'à trente?
Comment fit-il son âme en faisant son métier ?
Que disait Dieu le Père à cette âme parente ?
Que répondait à Dieu le fils du charpentier ?

D'un an, d'un jour à l'autre on voudrait bien le suivre!
Par qui l'adolescent divin fut-il guidé ?
Le monde, là-dessus, ne voit rien dans le Livre,
Et ce temps-là demeure un mystère insondé.

Il dit plus tard : — « Soyez béni, Père suprême,
Car vous avez caché ces choses au savant,
Mais vous les révélez à l'enfant qui vous aime. »
Et dans le Livre saint l'enfant paraît souvent.

Or la sagesse est là ; c'est là tout l'Évangile :
« Sois pareil aux petits, souris et tends les bras.
L'esprit, comme la chair, est chose bien fragile.
Le cœur est tout. Sois humble et tu me connaîtras. »

Ce qu'il fait de douze ans à trente ? Il songe. Il garde,
Divinement, comme un trésor, son cœur d'enfant.
Il travaille en rêvant ; sa mère le regarde ;
Contre le mal subtil son rêve le défend.

Pour l'homme de sagesse il n'y a que deux âges,
Avec deux noms : Aimer, Penser. Or pour Jésus
La pensée est amour, mais c'est l'amour des sages
Qui n'ont que des fils d'âme en leur âme conçus.

Peut-être qu'au moment de sa force montante
Quelque Samaritaine attira son regard,
Et son cœur, s'éloignant du trouble qui nous tente,
Souffrit de se tourner vers « la meilleure part ».

Pour garder la vertu qui sort, lorsqu'on le touche,
De sa chair guérisseuse et de ses vêtements,
Pour garder ce sourire apaisant sur sa bouche,
Il veut, vierges en lui, tous ses pouvoirs aimants.

Il ne veut rien donner au charme périssable,
Pour qu'un charme éternel sorte de ses yeux purs.
Il ne fondera point un foyer dans le sable :
Seuls les amours du cœur ont des fondements sûrs.

Et Jésus à vingt ans pensait déjà ces choses ;
Il se tenait songeur dans les lieux écartés ;
Il préférait les lys tout blancs aux roses roses
Et les grâces du cœur aux visibles beautés.

Il admirait comment, mis en terre, un grain lève ;
En dépit du Sabbat, il lève nuit et jour...
Et le long des sentiers parfumés Jésus rêve,
Et Dieu sur toute vie épand le même amour.

Les blés mûrs, les figuiers, les nids, tout l'intéresse.
Sans doute il a connu, parmi des travailleurs,
Ces ouvriers tardifs qui, malgré leur paresse,
Touchent le même prix, le soir, que les meilleurs...

Il approuve du cœur l'indulgence du maître
Qui, juste envers les bons ,a pitié des mauvais :
— « Ma charité n'est pas selon leurs lois, peut-être,
Mais c'est vers la cité d'un Père que je vais. »

Sur le figuier stérile en vain cherchant la figue,
Il le soignait avant de le jeter au feu.
Peut-être a-t-il aussi connu l'enfant prodigue
Et qu'il dît aux parents : « Pardonnez comme Dieu. »

Et quand il ouvre enfin son âme révélée,
Quand, discoureur sublime et martyr triomphant,
Il nous donne d'un coup sa vie accumulée,
Ce qui nous éblouit, c'est son âme d'enfant.

X

JEAN-BAPTISTE

Écoutez, je suis Jean ; je suis la voix qui crie
Seule, dans le désert.
Mon peuple, dont la peine exalte ma furie
A trop longtemps souffert.

Repentez-vous, puissants ! La feinte est inutile :
On n'évite pas Dieu !
L'heure approche, elle accourt, où tout arbre stérile
Périra dans le feu !

Je viens pour terrasser l'audace sanguinaire
Des maîtres d'ici-bas ;
Mais un autre est le Dieu ; je ne suis qu'un tonnerre
Et le bruit de son pas.

Préparez les sentiers, aplanissez la voie
Pour un autre, meilleur ;
J'apporte la menace, il apporte la joie
Qui sort de sa douleur.

Écoutez-moi ; je suis vêtu de peaux de bête ;
Ma ceinture est de cuir ;
Lorsque mon fouet serpente en sifflant sur les têtes
Le plus grand ne peut fuir.

Écoutez-moi. Sauvage est le miel que je mange ;
Ma ruche est dans le roc.
Quand ma voix parle aux rois des hontes qu'elle venge,
Ils vacillent au choc.

Les Hérodes ont peur de ma parole rude ;
Je suis le Précurseur ;
Je suis un cri ; j'annonce, esprit de solitude,
Aux foules — la douceur.

Je ne suis pas celui qu'on aime ; attendez l'autre :
C'est le grain ; moi, le vent.
Il est le Maître. Moi, je ne suis qu'un apôtre
Qu'il envoie en avant.

Lui seul pardonnera, tandis que je condamne.
Selon qu'il est écrit,
Il s'avance paisible et monté sur un âne ;
En pleurant, il sourit.

J'annonce aux manteaux d'or des riches de Judée
Les haillons d'un vainqueur !
Je blâme : il aimera ; je ne suis que l'idée :
Je vous annonce un cœur.

Ma voix est au désert ; la sienne est dans la vigne
Où le travail est doux.
Sa sandale est divine, et je voudrais, indigne,
L'attacher à genoux.

Ma voix est au désert ; la sienne est aux bourgades
Qu'entourent les moissons.
Il bénit les enfants ; il charme les malades ;
Il reste et nous passons.

Sous l'onde du Jourdain par mes deux mains versée,
Ruisselante sur eux,
Les fronts las oublieront la poussière amassée
Dans les chemins pierreux.

Mais celui qui me suit baptisera de flamme
Le monde racheté.
Je baptise la chair ; et lui baptise l'âme
D'espoir et de bonté.

Il a son van en main, il nettoiera son aire,
Mais sa grange est au ciel.
Ma voix rude l'annonce ; elle est comme un tonnerre
La sienne est comme un miel.

Sa voix coule en chantant ; torrent, la mienne roule
Grondante sans pardon.
Je meurs, sévère aux rois ; il est doux à la foule :
Il mourra d'être bon.

Quand il viendra courber son front sous l'eau qui tombe,
Cet humble et grand vainqueur,
Le Dieu dur des combats va se faire colombe,
Pour entrer dans son cœur !

XI

LA TENTATION

Et ce Démon qui parle au cœur de tous les hommes
Lui fit, comme du haut d'un mont ou d'une tour,
Voir de beaux palais d'or où s'entassaient des sommes,
Et les jardins fleuris qui riaient alentour.

— « Si tu veux, je ferai ta vie heureuse et belle ;
Tu mangeras, dit-il, dans l'or et dans l'argent... »
Mais Jésus répondit : — « La misère m'appelle.
Pauvre, je saurai mieux consoler l'indigent. »

Et le Démon disait : « — On trouve dans ma voie
Les rires, les chansons, les coupes et le vin. »
— « Et comment peut-on boire à la coupe de joie
Quand la misère a soif ? » lui dit l'Homme divin.

Le Démon répondit : « Laisse la pitié vaine ;
Sois un roi sur ton peuple ; écrase-le sous toi ! »
« Dans mon peuple, j'entends pleurer la race humaine...
Hélas ! comment peut-on dormir, quand on est roi ? »

Le Démon lui montra, comme du haut d'un temple,
Des présents sur l'autel et des lampes en feu :
— « Dieu seul jouit de tout. L'espace le contemple.
La terre le redoute et tu peux être un Dieu !

« Si tu veux m'écouter, la terre est à toi, toute !
Tu seras riche, roi, dieu des hommes jaloux.
Des anges te tiendront soulevé sur ta route,
De peur que ton pied nu ne se heurte aux cailloux ! »

Et Jésus répondit : — « Le ciel est sans délices,
Quand l'homme souffre au pied des trônes bienheureux !
Mon Dieu ne goûte pas la chair des sacrifices ;
Mon Dieu souffre avec les souffrants, en eux, pour eux !

« Le bonheur de Celui dont j'apporte le règne,
C'est de prendre sa part de tous les maux humains !
L'homme pleure ? je pleure ; il saigne? mon cœur saigne,
Et mes pieds sont meurtris, car j'ai vu leurs chemins ! »

Alors, comme au lever de l'étoile première,
Dans les lieux qu'habitait l'Homme aux divins discours
On vit naître et monter une grande lumière,
Et le monde riait à ce matin des jours.

XII

LE FILET

Ils tiraient leurs filets ruisselants, hors des lames.

— « Venez et vous serez désormais pêcheurs d'âmes,
Leur dit-il, et jetant sur le monde étonné
L'Évangile divin que je vous ai donné,
Du fond des passions, comme d'une mer sombre,
Vous tirerez au jour des cœurs, des cœurs sans nombre,
Que vous verrez, frappés, tous, d'un rayon pareil,
Aux mailles du filet refléter mon soleil. »

Alors, traînant leur barque à terre avec le câble,
Ils la laissèrent seule au soleil, sur le sable.

9

XIII

DISCOURS SUR LA MONTAGNE

Comme sur la montagne ils étaient bien dix mille,
Jésus, au milieu d'eux, parla tout l'Évangile:

— « Excepté ma parole, ici-bas tout périt.

Heureux les pauvres en esprit
Parce qu'ils comprendront les premiers ma parole.

Heureux les affligés parce que je console.

Heureux les doux : sur terre ils possèdent le ciel.

Heureux tous les souffrants d'injustice et de haine:
Ils boiront, altérés d'amour, à ma fontaine ;
Affamés de justice, ils goûteront mon miel.

Heureux les cœurs touchés d'une pitié sincère :
On aura pitié d'eux au jour de leur misère.

Heureux les cœurs purs : ils ont Dieu
Comme une eau pure en elle a tout le grand ciel bleu.

Lorsque la lampe est allumée,
On ne la pose pas sous l'ombre du boisseau,
Mais sur la tige du flambeau,
Et la maison sourit à la lumière aimée.

Comme sur la montagne on élève une tour,
Dressez l'espoir ; plantez votre pitié féconde

Soyez la lumière du monde :
Les hommes vous verront et béniront l'amour.

Si vous n'entrez pas mieux dans la lumière vraie
Que les Scribes bavards et les Pharisiens,
Vous n'êtes bons qu'à mettre au feu, comme une ivraie.

Vous savez quelle loi fut donnée aux anciens :
« Il ne faut pas tuer, » dit la Loi redoutable.
Or, est-on juste et bon, pour n'être pas coupable ?
Et je dis, moi, qu'il faut aimer ; soyez très doux,
Soyez indulgents ; aimez-vous.

Ne t'irrite jamais sans raison contre un frère
Si ton frère a gardé contre toi sa colère
Et si tu t'en souviens en montant à l'autel
Ayant l'offrande en main, laisse là ton offrande,
Cours chez ton frère, et qu'il t'embrasse, à ta demande.
La paix des cœurs, voilà la vraie offrande au ciel
La plus pure, la seule grande.

Point d'adultère, a dit la Loi.
Et voici ce que je dis, moi :
« Quant tes yeux seulement désirent une femme,
L'adultère est commis ; ta faute est dans ton âme. »

Si tes yeux ou ta main compromettent ton corps,
Sauve-le, coupe-les : jette ces membres morts !

Vous dites que la Loi vous permet le divorce ?
C'est vrai, mais qu'est-ce qui vous force
A l'accepter dans sa rigueur ?
La dureté de votre cœur.

Soyez humble devant ce qui domine l'homme.
Point de pompeux serment, de sacrilège vœu.
L'homme le plus puissant est peu de chose, en somme...
Qui donc à le pouvoir de créer un cheveu ?

On vous apprit une Loi dure
Qui dit : « Dent pour dent, œil pour œil. »
Moi, je dis : Subissez l'injure ;
Votre bonté vaut mieux que l'instinct de nature ;
Un humble amour vaincra les haines et l'orgueil.

Aimez celui qui vous déteste.
Soyez grands, purs et généreux,
Comme la lumière céleste
Qui connaît les méchants et qui brille sur eux.

Amis, si vous n'aimez que l'homme qui vous aime,
Quel mérite avez-vous ? L'impie en fait autant.
Soyez bons comme Dieu lui-même
Qui promet son royaume au pécheur repentant.

Donnez, pour que le bien que vous faites console
Ceux à qui vous faites ce bien,
Mais quand votre main droite a donné son obole,
Que la gauche n'en sache rien ;

Oui, donnez comme on se dévoue ;
Parce que vous aimez, non point pour qu'on vous loue.

En priant Dieu, priez avec simplicité.
Souhaitez que son règne vienne,
Et bénissez sa volonté.
Demandez-lui le pain, la force quotidienne.
Demandez-lui que vos péchés soient effacés
Si vous pardonnez ceux qui vous ont offensés.
Dites-lui : « Rends-nous forts contre ce qui nous tente
Délivre-nous du mal subtil,
Par ton Règne et ta Force et ta Gloire éclatante.
Ainsi soit-il. »

N'amassez pas sur terre, où tout n'est qu'un vain songe,
Des trésors que le ver ou que la rouille ronge,
Que déroberont les voleurs :
C'est dans nos cœurs que sont nos trésors les meilleurs.

L'œil des aveugles fait en eux leur nuit profonde :
Si l'œil est ténébreux, tout sera ténébreux :
    Le soleil généreux
    N'a jamais vu le monde
Que plein d'éclat, d'amour, et de chaleur féconde.

Qui sert Dieu ne peut pas servir aussi Mammon.
De tous les soins qu'on prend, plus d'un est inutile
Voyez les lys. Lequel d'entre eux travaille et file ?
Pourtant ils sont vêtus mieux qu'un roi Salomon.
Juste est Dieu. Tous les nids d'oiseaux chantent son nom.

Qui d'entre vous se peut grandir d'une coudée ?
Ayez Dieu pour seul rêve et pour unique idée.
Il protège et bénit le cœur simple qui croit.
    Laissez l'inquiétude vaine,
Cherchez l'amour ; le reste arrive par surcroît ;
    A chaque jour suffit sa peine.

Ne jugez point, afin qu'on ne vous juge pas.
Dieu seul peut pénétrer les causes d'une faute.
Et la justice d'ici-bas
Pour bien voir tout ne peut jamais être assez haute ;
Ne jugez point afin qu'on ne vous juge pas.

Vous voyez une paille, un rien, dans l'œil d'un autre,
Mais vous ne sentez pas la poutre dans le vôtre.

Demande et l'on te donnera ;
Cherche, tu trouveras ; frappe et l'on t'ouvrira.

Pères, si votre fils — si votre enfant, ô femmes. —
Vous prie, et demande du pain,
Mettrez-vous en réponse un serpent dans sa main ?
...Dieu seul serait-il un père inhumain ?
Il ne peut tromper l'attente des âmes.

Fais pour les autres, c'est la Loi,
Tout ce que tu voudrais qu'un autre fît pour toi.

Choisis toujours la porte étroite : c'est la bonne ;
Car une porte large, un chemin spacieux,
N'ont jamais conduit personne
Dans le royaume des cieux.

Gardez-vous bien des faux prophètes :
De la peau des brebis leurs tuniques sont faites :
Des oups ravisseurs se cachent dedans.
Mais voyez leur griffe et voyez leurs dents
Interrogez leur vie et pesez la réponse...
S'ils font souffrir les cœurs, ceci vous les dénonce.
La figue ou le raisin viennent-ils du chardon ?
On reconnaît un arbre au fruit mauvais ou bon.

Celui donc qui fera ce que je viens de dire,
Homme prudent, bâtit sa maison sur le roc.
En vain les eaux, le vent, tout voudra la détruire,
Tout la pousse et la heurte : elle résiste au choc,
Parce qu'elle est construite en pierres, sur le roc.

Mais celui qui construit sa maison sur le sable,
Faute d'avoir suivi le bon conseil donné,
Est un fou qui veut faire une œuvre périssable...
Sa maison croulera sous le vent déchaîné,
Parce qu'il a bâti follement sur le sable. »

Or, ceci n'était pas un discours répété,
Comme d'un faux savant qui s'attache à la lettre.
Jésus parlait au peuple avec autorité.
Et c'est ici l'esprit, l'âme et le cœur du Maître.

XIV

LA PAIX EN RETOUR

Vous direz, dès le seuil des maisons, vous, les miens :
« Bénis soient la maison, le jardin et la vigne ! »
Et la paix descendra, si le maître en est digne,
Sur le maître, sur sa maison, sur tous ses biens.
Mais s'il n'en est pas digne, alors, par un mystère,
Votre paix reviendra sur vous. Paix sur la terre.

XV

LE LUMIGNON

Or comme on lui disait : « Repousse celui-ci !
Sa langue qui t'implore est menteuse et funeste. »

— « Dans un vase fêlé qui retient l'eau, l'eau reste,
Dit-il. La mèche éclaire avec un bout noirci...
Le plus méchant, dès qu'il m'appelle, je l'assiste ;
L'humble vase brisé me sert, tant qu'il résiste ;
Je n'éteins pas, sur le flambeau de cuivre ou d'or,
Le lumignon mourant mais chaud, qui fume encor ! »

XVI

BONS GRAINS

***

L'homme ne vit pas de pain seulement :
Il lui faut un pain pétri de pensées ;
Nourris donc les cœurs de choses sensées ;
N'empoisonne pas le divin froment.

***

Et les Pharisiens, qui sont les hypocrites,
Lui répétaient : « Pourquoi fréquentes-tu ces gens,

11

Qui sont des péagers, des gueux, des indigents ?...
Nous les fuyons, tandis que toi tu les visites ! »

— « Depuis quand, répondit Jésus, le médecin
Ne va-t-il visiter que des gens au corps sain ? »

*
* *

Voici l'amour : mangez ; buvez ; je vous convie ;
Venez à moi, vous tous qui portez dans vos cœurs
La charge des soucis, le souci de la vie.
Je porterai vos maux ; je prendrai vos langueurs.

*
* *

Aveuglés par Satan moqueur,
Ils sont sans yeux pour les merveilles,
Et, plus sourds que les durs d'oreilles,
Ils ne comprennent pas du cœur !

***

S'il perd une brebis, — dans l'effroi qu'il éprouve,
Laissant là son troupeau tout entier, le berger
La cherche à travers monts, et, joyeux s'il la trouve,
Il l'emporte en ses bras pour la mieux protéger.

***

Tu suspectes ma foi, tu blâmes mon pardon...
Ton œil est-il malin de ce que je suis bon ?

***

J'avais faim ; vous m'avez donné de quoi manger.
J'avais soif ; vous avez désaltéré ma lèvre.
Vous m'avez accueilli, moi pourtant étranger,
Vous m'avez visité lorsque j'avais la fièvre....
Oui, quand j'étais malade, en prison, sans espoir,
Hommes justes, bons cœurs, vous m'êtes venus voir.

***

Tout jeune tu ceignais ta ceinture toi-même,
Tu choisissais ton heure et ton lieu, tes chemins ;
Mais quand tu seras vieux, faible, tendant les mains,
Pour qu'on te mène où tu voudras, il faut qu'on t'aime.

XVII

LA FILLE DE JAÏRE

Une ombre avait voilé sa porte ;
Les flûtes pleuraient sur le seuil ;
Tout semblait mener le grand deuil
De l'espérance humaine, morte.

Le Dieu de Moïse était dur,
Stricte la Loi, la règle étroite.
Jésus, la paix dans sa main droite,
Vint, le ciel dans ses yeux d'azur.

Pan régnait sur toute la terre,
Avec Rome partout vainqueur :
Pas un dieu n'avait un bon cœur..
Alors vint l'Homme du mystère.

Et Jaïre dit, à genoux :
— « Seigneur, notre espérance est morte.
Les joueurs de flûte, à ma porte,
Sonnent des airs de deuil pour nous.

« Seigneur, ressuscite ma fille ! »
Jésus, la prenant par la main,
Dit au père : « Le genre humain
Qui pleure en toi, c'est ma famille.

« Pourquoi sitôt croire à la mort ?
Vous faisiez tous un mauvais rêve...
Je veux que ta fille se lève !...
Elle n'est pas morte. Elle dort. »

XVIII

LE BON SAMARITAIN

Tu demandes quel est ton prochain ? Or, écoute :
Un homme à Jéricho s'en allait à pied, seul ;
Des voleurs embusqués l'assaillirent en route
Et le laissèrent là, tel qu'un mort sans linceul.

Un sacrificateur, passant près du pauvre homme,
Le vit et, l'ayant vu, poursuivit son chemin.
Un lévite, après lui, passa : ce fut tout comme ;
Un troisième passant eut un cœur plus humain.

C'est un Samaritain qui, du haut de sa bête,
Dit : « Pauvre homme ! » Il était monté sur un cheval
Il descendit vers l'homme et, soulevant sa tête,
Il le plaignait, disant : — « Où donc, frère, as-tu mal ?

Il oignit d'un vin pur toute sa chair meurtrie,
Il le prit à cheval encore inanimé,
Puis il paya son gîte en quelque hôtellerie...
Le bon Samaritain sera toujours aimé.

XIX

LE PAIN MULTIPLIÉ

Ne dis pas : Si je suis tout seul dans ce grand nombre,
Quel bien fera mon humble effort, mon pauvre amour ?
Car si chaque flambeau s'allume seul dans l'ombre,
Tous se trouvant brûler ensemble, il fera jour.

Si chaque homme s'attache à consoler un homme,
Tous donneront et tous recevront la pitié.
Écris ton chiffre unique, — et Dieu fera la somme :
C'est ainsi que mon pain sera multiplié.

Chaque jour est un jour utile, et le temps coule
Laisse ton siècle rire, incrédule et moqueur :
Un mot, un seul, suffit à guider une foule ;
Tous les cœurs grandiront nourris par mon seul cœur.

XX

LES FOURMIS

Aidez-vous, et tout mal deviendra guérissable.
Un champ fut recouvert de sable par la mer ;
Dieu dit à la fourmi d'enlever tout ce sable
Dans le temps que mesure une lueur d'éclair.

Et beaucoup de fourmis, en nombre insaisissable,
Ayant sur l'heure même envahi ce terrain,
Cent mille ont enlevé cent mille grains de sable
Dans le temps qu'une seule employa pour un grain.

XXI

TROP PEU D'OUVRIERS

Tous les souffrants, de tous les côtés rassemblés,
Plaintifs et plus nombreux que des épis de blé,
L'imploraient en disant : « Parle-nous ta parole ! »
Pour chacun, il trouvait le doux mot qui console,
Mais ils venaient en foule, et ne suffisant pas
A consoler tous ceux qui marchaient dans ses pas,
Lui, s'arrêtait, pleurant sur la misère humaine.
Et tous ces malheureux se couchaient dans la plaine

Languissants et pareils aux troupeaux sans pasteur
Alors il s'écria, debout sur la hauteur :
« Arrête-toi, Seigneur, qui jettes la semence !
J'ai trop peu d'ouvriers pour ma moisson immense.

XXII

LES COLOMBES

Et Jésus, qui blâmait la Loi, fit un exemple,
Devant les faux docteurs surpris et consternés...
Il vit un nouveau-né qu'on apportait au temple:
On consacrait à Dieu les mâles nouveau-nés ;

Et l'on sacrifiait alors deux tourterelles
Dont le sang pur coulait sur l'autel tristement.
Et Jésus les saisit et délia leurs ailes
En s'écriant : « Le Dieu que j'annonce est aimant !

« Croyez-vous qu'il se plaise aux douleurs des victimes
O race de serpents ! descendants de Caïn !
Je vous dis que le ciel est lassé de vos crimes
Et qu'il vient délivrer l'innocent par ma main !

« Jérusalem ! ô ville horrible, qui lapides
Tes prophètes, et qui tortures l'innocent !
Je viens sauver les doux, défendre les timides...
Dieu ne veut pas de haine et ne veut plus de sang.

« Or, vous ne m'aurez pas toujours... Venez en foul
Je veux fonder l'amour ; entrez dans mes dessein
Je veux vous rassembler en moi, comme la poule,
Chaque soir, sous son aile, assemble ses poussins ! »

Il parlait, incompris par le prêtre farouche
Qui savait égorger les ramiers sans remord,
Et qui, la rage au cœur, l'injure sur la bouche,
S'écartait de sa route en méditant sa mort.

XXIII

LA BARQUE ENGRAVÉE

Or, il vit des pêcheurs qui, lès pieds dans le sable,
S'efforçaient d'entraîner leur barque dans la mer,
La poussant par l'arrière ou tirant sur le câble,
Tandis qu'elle semblait scellée avec du fer.

« Nous aurons vent contraire! » Et, parmi leurs blasphèmes,
Lui s'avança paisible et, saisissant l'avant,
Comme un bœuf à l'araire il tira plus qu'eux-mêmes,
Et la barque partit, le flot la soulevant.

Et comme ils connaissaient sa parole divine,
Ils furent tous émus de sa simplicité,
Et sentirent l'amour entrer dans leur poitrine,
Avec le vent joyeux qui vint du bon côté.

XXIV

LA PROUE

Tout un peuple, nombreux comme les grains de sable,
Sur le rivage blanc, par un matin très-clair,
Dans l'espoir d'écouter son verbe impérissable,
Le pressait, le portait, houleux comme la mer.

Une barque était là, tirée à terre, vide.
Il y monta, tourné vers les grands flots humains
Et, debout sur la proue, à cette foule avide
Il parlait sa parole en élevant les mains.

Derrière lui l'aurore éclatait, — et les âmes
Croyaient voir s'avancer, du fond du gouffre bleu,
Un bateau de secours auréolé de flammes,
Et la proue était blanche et représentait Dieu.

XXV

IL COMMANDE AUX TEMPÊTES

Or, vous vous tourmentez pour bien des choses vaines;
La vie est plus heureuse à qui désire moins ;
Le monde est une mer troublée, amours et haines,
Et je porte avec moi la paix. Soyez témoins.

Vos folles passions, c'est la mer soulevée,
Et vous luttez contre elle avec beaucoup de mal ;
Mais la barque, où je suis près de vous, est sauvée,
Car les flots tourmentés tombent à mon signal.

Je sais, pour apaiser les flots, des mots suprêmes :
Ayez l'âme des lys ou l'âme des oiseaux ;
Donnez-moi votre main, ayez foi dans vous-mêmes,
Et vous saurez marcher comme moi sur les eaux.

XXVI

L'INFINI MIRACLE

Ses sœurs le cherchaient, et Marie,
Toujours craintive d'un danger,
Toujours prête à la gronderie,
Disait : « A-t-il de quoi manger ? »

Le peuple autour de lui fourmille,
Implorant les mots guérisseurs.
On lui dit : « Voici ta famille ;
Ta mère approche avec tes sœurs. »

— « Mes frères, mes sœurs et ma mère,
Dit-il au peuple, c'est vous tous ;
La vie est une plante amère,
Mais le miel de ma ruche est doux.

« Je suis la tendresse promise ;
Sur vos maux je viens me pencher ;
Et je suis plus grand que Moïse
Qui fit jaillir l'eau du rocher :

« C'est la dureté des cœurs même
Que je frappe, et l'amour en sort :
Le ciel est en nous lorsqu'on aime...
L'amour est plus fort que la mort.

« Possédés d'orgueil et de haine,
Je chasse de vous ces démons.
J'apporte la tendresse humaine :
Nous avons Dieu quand nous aimons.

« Buvez à ma source d'eau vive,
Car je sauve celui qui croit.
Votre esprit boite ? qu'il me suive :
Il saura marcher vite et droit.

« Votre cœur est sourd ? qu'il m'entende
Muet ? qu'il parle. Renaissez !
Frappez : ma porte s'ouvre grande.
Reposez sur moi, cœurs lassés

« Levez-vous, ô paralytiques,
Marchez, emportez votre lit ! »
...Et dans la joie et les cantiques
Le monde infirme tressaillit !

— « Un aveuglement les égare ;
Ils t'ont mis sous terre vivant...
Lazare, Lazare, Lazare,
Lève-toi ! Marche mieux qu'avant ! »

Et l'esprit humain se redresse
Et quitte, plus fort et plus beau,
Au grand appel de la tendresse,
Les bandelettes du tombeau.

O temps d'allégresse première
Où l'aveugle des grands chemins
Se voyait rempli de lumière
Quand Jésus élevait les mains !

XXVII

LES PETITS ENFANTS

« Je suis la paix, l'amour, et mon règne commence, »
Disait-il, et tous les souffrants suivaient ses pas...
Comme il était pressé par une foule immense,
Les enfants, qui voulaient le voir, ne pouvaient pas.

Les disciples disaient « Laissez passer le Maître ! »
Et plusieurs éloignaient les gens avec leur main,
Et les petits enfants qui voulaient le connaître
Se trouvaient écartés aussi de son chemin.

Les mères tout à coup sentaient leur main lâchée
Par le petit garçon et sa petite sœur,
Et les enfants, grimpant sur l'arbre de Zachée,
Regardaient de là-haut l'Homme de la douceur.

Quelques-uns à cheval sur le cou d'un bon père,
Et d'autres sur le bras de leur mère et pleurant,
Tous voulaient voir Celui qui disait : « Peuple, espère ! »
... Ils le sentaient si près de leur cœur, quoique grand !

Et Jésus, très fâché de voir qu'on les repousse :
« Laissez venir à moi tous ces petits enfants...
Ceux-là seuls qui, comme eux, ont l'âme pure et douce,
Au royaume du Père entreront triomphants.

« Et malheur à qui met un trouble dans leurs âmes !
S'il n'est pas criminel ou stupide, il est fou !
Il vaudrait mieux pour lui que, maudit par les femmes,
On le jette à la mer avec la pierre au cou !

« Car ces petits cœurs-là, c'est la source profonde
Qui sera fleuve, et court vers des lieux ignorés.
N'oubliez pas qu'ils sont l'espérance du monde,
Et l'avenir sera ce que vous les ferez. »

Il écarta la foule, et, foule plus petite,
Des centaines d'enfants accouraient, tout joyeux.
Recevant dans leur cœur, où l'avenir palpite,
La bénédiction qui tombait de ses yeux.

Sa main, sa belle main légère, les caresse,
Passant avec douceur sur leurs longs cheveux bruns;
Il donne à tous sa paix, et la même tendresse...
Et pourtant son regard s'arrête à quelques-uns.

Il voudrait à chacun parler selon leurs âmes ;
Il les baptise en lui de paix, d'espoir, de feu,
Surtout les plus petits, nichés au sein des femmes,
Oiseaux à peine éclos des mystères de Dieu.

Il les attire tous dans sa tiède pensée,
Comme la poule prend sous l'aile ses poussins,
Et les garde, nichée incertaine et pressée,
Un instant au berceau de ses profonds desseins.

Tous passent un instant dans cette âme féconde
Et tous l'aiment, sentant que tous ils lui sont chers,
Et le Dieu porte ainsi tout l'avenir du monde
Dans son cœur maternel qui refait l'univers.

XXVIII

LES COMMÉRAGES

Il revint au pays, et, devant ses discours,
Les gens de Nazareth même et des alentours,
Étonnés, se disaient : — « Il parle comme un ange,
Et cependant il est d'ici ! c'est bien étrange !
Son père n'est-il pas Joseph le charpentier
Dont, tout jeune, il apprit assez mal le métier ?
...Bon Joseph, faible en tout, même en charpenterie !
Et sa mère...

— Allons donc ?

— Mon Dieu, oui, c'est Marie !

— Quoi ! celle que Joseph refusa tout d'abord ?
— Oui.
— Ah ! je me souviens ! Certe ! il n'avait pas tort.
— Jacques, Joseph, Simon et Jude...
— Oui, des drôles !...
— ... Sont ses frères...
— Tu dis ?
— Je hausse les épaules !..
Ces gaillards font les fiers ! Leur Jésus n'est qu'un fou...
— Ses sœurs ont un orgueil !...
— Et ça n'a pas le sou.

Et Celui qui marchait vers la croix triomphale
Était dans son village un sujet de scandale.

XXIX

LA FEMME

Cherchez l'éternel, même en l'amour éphémère ;
Prenez garde à la femme, aux chaînes de ses mains
Ses lourds cheveux sont des liens ; elle est amère
Comme la mort. Veillez, ô faibles cœurs humains.

Certains hommes sont nés sans la puissance d'homme ;
D'autres sont mutilés en arrivant au jour ;
D'autres, cherchant la loi de Celui que tout nomme,
Oublîront les amours pour mieux trouver l'amour.

Amis, la chair est faible ; elle est aisément lâche
Quand la femme l'appelle et lui dit : « Reste là ! »
Samson était marqué pour une grande tâche :
Prenez garde aux ciseaux des sœurs de Dalila !

Vous abandonnerez cependant mère et père,
O chastes épousés, pour ne faire qu'un seul,
Puis de vous sortira l'avenir qu'on espère,
Puis Dieu vous roulera dans le même linceul.

XXX

LA SAMARITAINE

LA SAMARITAINE.

Étranger, que fais-tu près de cette fontaine,
Assis et tout poudreux sur le bord du chemin ?

JÉSUS.

Fais-moi boire.

LA SAMARITAINE.

Seigneur, je suis Samaritaine...
Et tu veux de cette eau que va puiser ma main !
Les Juifs n'ont pas commerce avec ceux de ma race.

JÉSUS.

Si tu savais quel don j'apporte, qui je suis,
Qui te parle, c'est toi peut-être qui, par grâce,
Demanderais un peu d'eau vive de mon puits.

LA SAMARITAINE.

Comment puiserais-tu ? la fontaine est profonde ;
Tu n'as rien pour puiser ; tu te tiens en repos...
Es-tu plus que Jacob?... Il a bu de cette onde
Où ses enfants et lui conduisaient leurs troupeaux.

JÉSUS.

On aura soif encor, douce Samaritaine,
Quand on boit de cette eau, calme comme le ciel ;
Mais celui qui, lassé, s'abreuve à ma fontaine,
Il garde en lui la source et le calme éternel.

XXXI

MARIE-MAGDELEINE

Quand Magdeleine apprit qu'un jeune homme à l'œil clair,
Simple et beau, soumettait le peuple à sa parole,
Ayant rêvé longtemps de lui, la vierge folle
Désira le soumettre à ses charmes d'enfer.

L'orgueil seul, son orgueil naïf de fille d'Ève,
L'inspirait, — et, voulant se mesurer au Dieu,
Elle partit, le cœur brûlant, la joue en feu,
Elle vint à celui qu'elle admirait en rêve.

Elle comptait bien faire, avec des cheveux blonds,
Un câble pour lier ses pieds, ses mains, son âme...
Le vainqueur de Satan vaincra-t-il une femme ?
Et, tremblante d'orgueil, elle murmure : Allons !

Elle vint. — « O Seigneur, lui dit-elle inclinée,
Laisse mes doux parfums couler sur tes pieds nus ! »
Et, menteuse, elle prit des regards ingénus,
Mais son âme au dedans ne s'était pas donnée.

Le Dieu, calme, sourit au mensonge banal,
Et, triste, il la laissa, recevant comme on donne,
Verser l'ambre et le nard sur la chair qui frissonne,
Mais l'esprit disait : « Dieu, préservez-nous du mal !

« Qu'elle s'élève à moi par la tendresse entière,
Celle qui vient à moi pour l'amour sensuel ;
Tous les chemins d'en bas conduiront à mon ciel,
Puisque l'âme est par vous liée à la matière. »

Et, dominant sa peine et les frissons nerveux
Qui couraient sur ses pieds avec la chaude haleine,
Jésus soufflait son rêve au cœur de Magdeleine
Qui, lente, dénouait pour lui ses grands cheveux.

En vain elle écrasa sur les pieds nus sa bouche,
Les baisant, les mordant des talons à l'orteil,
Lui, songeait, l'œil au ciel, tourné vers le soleil :
« Sauvons ce cœur captif dans la chair qui me touche ! »

Et les beaux pieds du Dieu, sous le baiser charnel,
Rayonnaient vers le front de la femme abaissée,
Qui dit enfin, debout et droite de pensée :
« Pardon ! je t'aimerai, Seigneur, dans l'éternel ! »

XXXII

MARTHE ET MARIE

Elles étaient deux sœurs, Marthe aux cheveux châtains,
Et Marie aux yeux clairs, plus jeune, rose et blonde
Et Celui qui devait léguer l'amour au monde
Était le guide sûr de ces cœurs incertains.

Marthe, tout orgueilleuse, était la ménagère,
Les soins et les soucis donnant l'autorité.
L'autre, offrant un secours chaque fois écarté,
Dans sa propre maison semblait une étrangère.

16

Or Marthe ayant reçu Jésus dans sa maison,
Marie, aux pieds du Maître assise, écoute et songe,
Et lui, par des discours qu'elle-même prolonge,
Forme attentivement sa naïve raison.

— « Maître, dis-moi, crois-tu que mon âme est gâtée?
C'est ta brebis perdue ?... Oh ! si c'était cela,
Je la ferais pour toi légère... porte-la ! »
Et sans fin elle boit la parole écoutée.

Il aime mieux Marie et le bleu de ses yeux,
Ses cheveux blonds et lourds, tels que des moissons mûres,
Sa lèvre où la parole a de si frais murmures
Et son sourcil pareil au croissant d'or des cieux.

Marthe, le ton grondeur, le visage un peu sombre,
Jalouse quand sa sœur veut sa part de travail,
Maîtresse en tout, s'acharne au plus petit détail,
Comptant sans fin des plats dont elle sait le nombre.

— « Oh ! Maître, dit Marie, oh ! que tu parles bien
Des lys vêtus de soie et des douces colombes !
Dis-moi, tu seras là, quand s'ouvriront les tombes ?
Alors, si je te vois, je ne craindrai plus rien ! »

Un jour, tournant les yeux vers sa blonde cadette,
Irritée à la voir se plaire aux chers discours :
— « Tu ne fais rien, quand moi je travaille toujours,
Dit Marthe. Il serait temps de me payer ta dette. »

— « Viens écouter comme elle et te repose un peu, »
Dit Jésus.— « Commandez, dit Marthe, qu'elle m'aide ! »
Or l'irritation la fit paraître laide,
Et par l'entêtement elle déplut au Dieu.

— « Marthe, Marthe, dit-il, laisse ta pauvre tâche
Ta sœur veut bien la faire et tu m'écouteras... »
Mais Marthe répondit : « J'aime occuper mes bras.
Ma maison est trop grande et mon cœur n'est point lâche

Voyant son injustice, il répondit encor :
— « La part que se choisit Marie est la meilleure. »
Et tandis que, tout bas, la petite sœur pleure,
Jésus, posant sa main sur les beaux cheveux d'or :

— « Cette meilleure part ne peut plus être ôtée
A l'enfant qui me cherche et qui veut mes leçons... »
Et, pensive, Marie, avec de doux frissons,
Boit, les yeux sur Jésus, la parole écoutée.

XXXIII

L'INSCRIPTION SUR LA TERRE

Lorsqu'on vint lui parler de la femme adultère,
Avant d'éterniser, par un mot de son cœur,
La suave indulgence et le pardon vainqueur,
Il traça de son doigt des signes sur la terre.

Courbé vers le limon d'où l'homme fut tiré,
Que traçait-il à terre avec son doigt sublime ?
Hésitait-il encore à pardonner ce crime ?
Cherchait-il à parfaire un mot, le mot sacré ?

La femme qu'on avait surprise à demi nue,
Demeurait là, debout, triste et baissant les yeux,
Muette, à regarder l'homme mystérieux
Qui traçait sur le sol une chose inconnue.

— « Celui qui d'entre vous se trouve sans péché
Lui jette la première pierre : » dit le Maître.
Puis, se baissant encore, il refit, lettre à lettre,
Ce qu'il traçait du doigt, à genoux et penché.

Pourquoi les laisse-t-il, sans parler davantage,
Tous ces Pharisiens au sourire hideux ?
Pourquoi la laisse-t-il souffrir au milieu d'eux,
Pâle et debout, le sang de la honte au visage ?

Ils partirent, voyant qu'il écrivait toujours;
Elle resta, sans qu'il parût y prendre garde.
Qu'attend-elle de lui, l'âme qui le regarde ?
Écrit-il son dégoût des terrestres amours ?

S'il écrit sur la terre, ah ! c'est que notre terre,
Qui nourrit les vivants et se nourrit des morts,
Lourde origine, impose à la chair sans remords
Le baiser, redoutable et beau comme un mystère !

C'est qu'elle est toute cause et toute excuse en nous,
Comme nous à la fois chose infime et sublime ;
L'eau du ciel l'alourdit mais un rayon l'anime :
C'est pourquoi, sur la terre, il écrit à genoux...

Et ce qu'il confiait à l'éternelle argile,
C'est l'éternel pardon que répandaient ses mains ;
Dans la terre qu'il creuse, il met tout l'Évangile,
Pour que le sol lui-même en parle aux pieds humains.

Pour que, par nos talons, le sol, argile ou sable,
En tremblant nous l'envoie au cœur et sous le front,
Et qu'éternellement, dans tous ceux qui naîtront,
Ce qui périt ressente un verbe impérissable.

Et seul avec la femme, il dit, se relevant :
« Vous a-t-on condamnée ? »
Elle dit : « Non ! »
— « O femme,
Je ne condamne pas non plus ! Paix à votre âme ! »

Alors elle partit, consolée et rêvant...

XXXIV

LE BŒUF

Comme il passait au bord d'un champ où, tête basse,
Un bœuf tirait l'araire et creusait des sillons,
Un instant il rêva, l'œil fixé sur sa trace,
Puis, ouvrant les deux mains, il sema des rayons.

Et songeant au bon grain, à l'ivraie, au mystère,
L'homme que le travail des hommes attendrit,
Bénit l'humble animal qui labourait la terre,
En murmurant : « Le pain du corps soutient l'esprit. »

XXXV

L'ANE

Or, comme il cheminait en suivant son beau songe,
Sous un frêle olivier, tout au bord du chemin,
Un vieil âne pelé, qui tirait sur sa longe,
Avançant les naseaux, vint effleurer sa main.

Et Jésus s'arrêta, songeant à cette crèche
Où l'âne, avec le bœuf, l'accueillirent enfant,
Ou tous deux, à genoux dans de la paille fraîche,
Sur ses petits bras nus soufflaient le réchauffant.

Longtemps il regarda cette humble et lourde tête,
Ces poils longs et rugueux, ces deux gros yeux surpris
Puis sa main caressa, sur les flancs de la bête,
La trace du bâton qui les avait meurtris.

Vers l'âne enfin Jésus pencha sa face auguste,
Et le pauvre animal, se mettant à trembler,
Soufflait, tout haletant, sur les lèvres du Juste,
Ce grand soupir des cœurs qui ne peuvent parler.

XXXVI

L'ARGILE

De tout petits enfants, jouant avec l'argile,
Façonnaient gauchement des oiseaux et des fleurs
Et, s'arrêtant près d'eux, l'homme de l'Évangile
Songeait : « Il est ici, l'espoir des temps meilleurs !

« En façonnant les cœurs d'enfants, argile molle,
On ferait l'homme bon et plus beau, sûrement... »
Et Jésus caressait d'une douce parole
Ceux dont pourrait sortir un avenir aimant.

Il admirait comment leur naïve tendresse
Accourt au moindre appel, tend les bras et sourit ;
Il faut que la leçon leur semble une caresse ;
C'est grandir notre espoir que grandir leur esprit.

— « Montre-moi cet oiseau, laisse que je l'achève ;
Lorsque j'étais petit, j'en faisais de pareils... »
Et l'enfant, tout debout, tendant l'oiseau, l'élève
Vers l'homme bienveillant qui donne des conseils.

Mais quand aux mains de l'Homme il cherche à le reprendre,
Tandis que ses amis se pressent à l'entour,
L'enfant laisse échapper l'oiseau d'argile tendre
Et qui s'écrase aux pieds du Prophète d'amour.

— « Oh! mon oiseau ! l'oiseau que j'avais fait moi-même !
Que je voulais montrer à ma mère ! » — Il pleurait.
Et l'ouvrier des cœurs, qui savait comme on aime,
Souffrait avec l'enfant de ce touchant regret.

— « Fais-en bien vite un autre!... un plus joli peut-être! »
Et, ses deux belles mains dans un limon visqueux,
Afin que les petits fussent contents, le Maître
S'était assis à terre et jouait avec eux.

XXXVII

CHEZ MARIE, MÈRE DU CHRIST

UNE VOISINE.

Je vous plains ! cet enfant vous met en grand souci.

MARIE.

Et cependant il a l'âme d'une colombe !

LA VOISINE.

Hélas ! mais il en a les deux ailes aussi :
Jamais au colombier !... Nos enfants, c'est ainsi...
Il vous tourmentera toujours, jusqu'à la tombe.

MARIE.

A douze ans, il faisait aux Scribes la leçon !

LA VOISINE.

... Le mien est assidu chez un maître maçon.
Le vôtre a de l'orgueil ?

MARIE

Oh ! non !

LA VOISINE.

Quel est son âge ?

MARIE

Trente ans... ce cher petit

LA VOISINE.

Et ça croit tout savoir !

MARIE.

Mon Dieu, non ! mais beaucoup disent que c'est un sage.

LA VOISINE.

Jean, le baptiste, on dit qu'il est allé le voir ?...
Il s'est fait baptiser?

MARIE.

Ça, c'était du courage :
Voici Jean en prison.

LA VOISINE.

Vous ne savez donc rien ?
Il est mort.

MARIE.

Mort !

LA VOISINE.

Hérode a fait trancher sa tête.
La fille de la reine ayant dansé très bien :
« Que veux-tu ? » lui dit-il. La réponse était prête.
La femme du tétrarque en voulait au prophète

Qui traita son second mari d'incestueux.
Et l'enfant dit au roi : « Je sais ce que je veux :
Je veux, sur un plat d'or, la tête du baptiste ! »

MARIE.

C'est effrayant, cela !

LA VOISINE.

N'est-ce pas que c'est triste ?

MARIE.

Mon fils a des amis vraiment bien dangereux !

LA VOISINE.

Puisque vous comprenez qu'un danger le menace,
Je peux vous en parler ?

MARIE.

Que savez-vous, de grâce ?

LA VOISINE.

Hérode, ayant appris qu'avec autorité

Votre fils parle au peuple et qu'il est écouté,
S'inquiète de lui... Vous serez courageuse ?...
Il prétend que Jésus, c'est Jean ressuscité !

MARIE.

Mon Dieu! mon Dieu! mon Dieu! que je suis malheureuse!
J'ai prévu tout cela quand il était petit.
Voilà bien dix-huit ans au moins qu'il n'a rien dit.
Je le croyais changé, mais non ! Ce grand silence,
Ce n'était que travail et longue patience !
Je le vois : il lisait tout ce qui fut écrit.

LA VOISINE.

Oui, l'enfant, qu'on croyait corrigé — recommence !
Pauvre femme !... On ne voit que lui, sur les chemins !

MARIE.

Il touche des lépreux avec ses pauvres mains !

LA VOISINE.

On le rencontre avec des vagabonds, des filles !

MARIE.

Il dit qu'on doit avoir des sentiments humains !
Je le sais...

LA VOISINE.

Mais on doit des égards aux familles !

MARIE.

Mon Dieu ! mon Dieu ! comment cela finira-t-il ?
Hérode est irrité... c'est le plus grand péril...

LA VOISINE.

Et les Pharisiens, les grands docteurs du Temple,
Ont droit de se fâcher, quand il leur dit : « La Loi
A fait son temps ; pensez et prêchez comme moi !
Moïse n'est plus rien ! c'est moi qui suis l'exemple.
Le seul Maître ! »

MARIE.

Oh ! mon Dieu, pourquoi, mon Dieu ! pourquoi

Nos fils, devenus grands, nous font-ils tant de peine ?
... Il m'aime bien, pourtant !

Elle s'agenouille.

Dieu juste, éternel Dieu,
Ayez pitié de moi, Clémence souveraine !

Jésus paraît devant elle.

JÉSUS.

Mère, je pars encor : je viens vous dire adieu.
Mes amis les pêcheurs m'ont préparé leur barque :
Je dois fuir pour un temps Hérode, le tétrarque.
Je pars.

MARIE.

O mon Jésus ! ô mon fils ! ô mon sang,
Ma chair ! — je vis par toi dans l'éternelle crainte !
J'ai bien souffert de toi lorsque j'étais enceinte.
J'ai bien souffert encor par toi, pauvre innocent,
Lorsqu'il fallut s'enfuir au désert, sur notre âne !

Mais tu n'y pouvais rien, quand tu ne savais pas ;
Aujourd'hui, tu devrais au moins parler plus bas :
Hérode te poursuit ! Le temple te condamne !...
Es-tu sûr, mon Jésus, d'avoir raison ?

JÉSUS.

Adieu,
Ma mère. Vous aussi vous ignorez mon âme.
Nul homme n'est si loin de l'homme — que la femme.
Ma mission commande et j'obéis à Dieu,
Et vous, vous ne songez qu'à des choses humaines.
Hélas ! de tout mon cœur j'ai pitié de vos peines,
Mais ne puis m'attarder aux humaines amours.
Pleurez, car vous non plus ne m'aurez pas toujours !
Pleurez, femme : je dois subir toutes les haines ;
Pleurez ; vos pleurs aussi deviendront un secours.
Moi, j'ai tout à souffrir pour consoler la terre,
Et si vous compreniez je souffrirais bien moins,
Car le plus grand malheur est d'être solitaire
Et le fond de mon cœur doit rester sans témoins.

MARIE.

Change ta volonté... Tout le monde te blâme.
Mon reproche est si doux !... Il te semble importun ?

JÉSUS.

Hélas ! ma mère, hélas ! vous n'êtes qu'une femme...
Hélas ! femme, entre nous qu'y a-t-il de commun ?

XXXVIII

LE SOMMEIL

L'homme miraculeux qui portait dans son âme
Un ciel plus constellé que les ciels de la nuit,
Dans son cœur un soleil, une source de flamme,
Et dans son calme esprit la vérité qui luit,

L'homme dont la tunique était faite de gloire,
De probité candide et du lin le plus pur,
Dont la parole avait le poli de l'ivoire,
L'éclat du croissant clair et les tons de l'azur,

Dont chaque mot était un diamant superbe
Que ramassaient, courbés, les pauvres en haillons,
Celui dont chaque pas faisait des fleurs dans l'herbe
Et dont les yeux jetaient aux âmes des rayons,

Comme la nuit tombait sur l'homme de lumière,
Cet homme, pauvre et seul, dont le cœur était dieu,
S'étant baissé, chercha vainement une pierre
Pour y poser sa tête et s'endormir un peu.

XXXIX

LE TRIOMPHE

Or, comme, sur un âne, Il venait vers la ville :
« Le voici ! Le voici ! » crièrent les enfants.
L'esprit d'amour grandit la multitude vile,
Et, tous en un, les cœurs se gonflaient, triomphants.

— « Déroulons les tapis d'honneur dans la poussière,
Jetons devant ses pas des parfums et des fleurs ! »
Et les grands, les petits, les vieux, la foule entière,
Sentaient le cœur d'un seul plus grand que tous les leurs.

Au-dessus de sa tête on balançait des palmes ;
Des riches étalaient sous ses pieds leurs manteaux,
Et lui passait, un pur rayon dans ses yeux calmes
Que la simplicité du cœur faisait si beaux.

Et des marchands et des soldats venus de Rome
Disaient : « L'ambition illumine son œil ;
Cet homme sera roi. Qu'on surveille cet homme
Qui provoque déjà les pompes de l'orgueil ! »

Mais Jésus, faisant halte à l'ombre d'un platane,
Et souriant : — « Mes bons amis, vous jugez mal :
Celui qui foule aux pieds vos tapis — c'est mon âne !
Je n'en suis pas plus fier que ce doux animal.

« Et je laisse partout flotter vos oriflammes,
Vos tapis s'étaler, vos fleurs embaumer l'air,
Parce qu'il faut encore un signe aux pauvres âmes :
Ma parole est esprit ; votre oreille est de chair.

« Si j'avais quelque orgueil, ce serait de moi-même ;
Je ne crains pas pour moi ces vains honneurs d'un jour
Mais j'aime à voir, par moi, dans un orgueil que j'aime,
Dix mille cœurs unis ne faire qu'un amour...

Pour triompher, mon rêve, au niveau de ma tête,
Prend, sensible à vos yeux, l'éclat matériel,
Mais j'ai mis les honneurs sous les pieds d'une bête
Et mon cœur va plus haut que les oiseaux du ciel. »

XL

SUR LE PARVIS DU TEMPLE

UN PHARISIEN.

Vous l'avez entendu?

UN SCRIBE.

Comme je vous entend.

LE PHARISIEN.

Et que disait le peuple?

LE SCRIBE.

Il paraissait content.

LE PHARISIEN.

Avez-vous retenu sa harangue?

LE SCRIBE.

Oui, par bribes...

La voici donc. Écoutez-la.
« Les Pharisiens et les Scribes
Sont assis dans la chaire où Moïse parla,
Mais je ne puis en eux respecter que cela.
... Ils mettent sur le dos de l'homme
Qui, plié, ne peut plus marcher,
Des fardeaux de bêtes de somme,
Mais ils n'y voudraient pas toucher ! »

LE PHARISIEN.

C'est prêcher la révolte !

LE SCRIBE.

Oh ! ce n'est rien encore :

... « Que leur fait la vertu, pourvu qu'on les honore ?

Ils écrivent la Loi sur de gros parchemins,
Mais l'esprit de la Loi n'entre pas dans leur âme;
Avant chaque repas ils se lavent les mains,
Mais c'est l'impureté de leur cœur — que je blâme.
Ils veulent être bien placés dans les repas :
Tout leur désir est de paraître !
Pourvu qu'on les appelle : « Maître ! »
Dieu — seul maître des cœurs — ne leur importe pas ! ».

LE PHARISIEN.

C'est affreux !

LE SCRIBE.

Attendez !

LE PHARISIEN.

Par le Temple ! Je rêve !

LE SCRIBE.

... « Vous n'avez qu'un docteur, et c'est moi, ce docteur !
Le plus grand ne sera que votre serviteur :

J'abaisse celui qui s'élève,
Et je relèverai ceux qui sont abaissés ! »

LE PHARISIEN.

C'est infâme !... Ce sont des propos insensés.

LE SCRIBE.

Il y a mieux encore. Écoutez-moi la suite :
« Pharisiens, malheur à vous, race hypocrite !
Vous priez à grand bruit sur les parvis sacrés,
Mais, fiers de vos manteaux dorés aux franges neuves,
Tout en priant, vous dévorez
L'obole et la maison des veuves !
Malheur à vous ! car Dieu vous regarde irrité !
Vous qui, tout en payant la dîme,
Encouragez le crime,
Négligents de justice et de fidélité...

LE PHARISIEN.

Abomination ! nous allons à l'abîme !

Je ne vois plus pour nous nulle sécurité
Tant qu'on n'arrête pas ce parleur redoutable.

LE SCRIBE.

« O sépulcres blanchis, vous êtes au dehors,
— Disait-il en criant, — d'une blancheur aimable,
Mais pleins de pourriture et d'ossements de morts !
Oui, vous rebâtissez les tombeaux des Prophètes,
Mais qui les a tués, si ce n'est vos aïeux ?
Vous versez le sang le plus précieux !
O serpents, race de vipères !
Meurtriers, dignes de vos pères,
Car vous tûrez encor, toujours, ceux qui viendront.
Jusqu'à ce que retombe enfin sur votre front
Tout le sang généreux répandu sur la terre ! »

LE PHARISIEN.

Il a dit tout cela ? Comment le faire taire?

LE SCRIBE.

On pourrait le livrer aux juges. Songez donc.
Il remet les péchés ! C'est en Dieu qu'il se pose,
Avec ces mots nouveaux d'amour et de pardon !
Jéhovah Sabaoth n'est donc plus assez bon ?

LE PHARISIEN.

Il tente de guérir — par ses mains qu'il impose.
Il blâme hautement le divorce...

LE SCRIBE.

Autre chose :
Il se rit du Sabbat : hier, tout en marchant,
Ses disciples cueillaient des épis dans un champ.
C'était jour de Sabbat ! On en fit la remarque ;
Mais lui, montant, au bord du lac, dans une barque,
Avec un très malin sourire nous parla :
Votre âne et votre bœuf ont-ils soif ce jour-là ?
Dit-il. N'oubliez pas de leur donner à boire ! »

LE PHARISIEN.

Il s'est moqué de nous !

LE SCRIBE.

Je commence à le croire !
Car il a dit encor : « Quand on sème du blé,
Par le jour du Sabbat voit-on qu'il soit troublé ?
Nuit et jour il travaille, en dépit de vos prêtres...
Venez à moi, venez, ô cœurs endoloris :
Même un jour de Sabbat je console et guéris ! »

LE PHARISIEN.

L'insolent ! Il est temps de nous en rendre maîtres !
Si l'on ne punit pas de semblables discours,
Le Temple, s'indignant, croulera de lui-même !

LE SCRIBE.

Il le rebâtirait, prétend-il, en trois jours !

LE PHARISIEN.

Écrivez ce mot-là : c'est son plus grand blasphème !

LE SCRIBE.

Vous savez que Judas nous prête son concours ?

LE PHARISIEN.

Pour combien?

LE SCRIBE.

Oh ! pas cher !... C'est un homme que j'aime :
Il défend avec nous, contre cet exalté,
L'honneur et l'avenir de la société,

XLI

LA COLÈRE

On a vu plusieurs fois sa face courroucée,
Mais surtout dans ce jour où, sur le saint parvis,
Il aperçut, hurlant dans la foule pressée,
Des marchands qui vendaient oiseaux et chènevis.

Il y avait aussi des changeurs de monnaie,
Et Jésus indigné cria, courant contre eux :
— « Je viens pour séparer le bon grain de l'ivraie !
Je viens pour nettoyer de leur mal les lépreux !

« Et ceux-là sont la lèpre à la face du Temple,
Qui sur mon seuil sacré viennent compter de l'or.
Que le parvis lavé soit pur comme un exemple !...
Hors d'ici ! Vos trésors salissent mon trésor !

« La graine que l'on vend gâtera ma semence !
Votre balance impure est de mauvaise foi,
Vous qui faites, à l'heure où mon règne commence,
Votre éventaire avec les tables de la Loi !

« Maudits ! Vous avez fait des ailes prisonnières !
Vous vendez ma colombe et mes biens les meilleurs!
Et du Temple, où jadis s'envolaient les prières,
On dira : Ce n'est plus qu'un antre de voleurs ! »

Et tables, escabeaux, même les gens, tout tombe
Sous sa main, seulement pitoyable aux oiseaux...
La cage en se brisant délivrait la colombe
Et l'or sur les degrés s'en allait par ruisseaux.

— « Hors d'ici, gens sans foi ni loi ! dehors, canaille ! »
Ses yeux lançaient l'éclair et, son fouet se levant,
Tous couraient éperdus, chassés comme la paille
Qui s'enfuit, tourbillonne et s'éparpille au vent.

XLII

L'INDIGNATION PUBLIQUE

Sur la place, devant le Temple.

UN RICHE.

Ce vil Nazaréen, ce bâtard de l'étable,
Commence à devenir un coquin dangereux.
Sa parole mielleuse est un cri redoutable,
Car tous les indigents vont se liguer entre eux.
Hier, sur la montagne, ils étaient bien dix mille ;
Ce sont des péagers, des gueux, des gens de rien,
Des filles, des pêcheurs... Le mal gagne la ville,
Et même un sénateur tout bas s'est dit chrétien.

Il m'irrite à la fin, avec ses paraboles
Qu'on répète le soir au seuil de la maison.
C'est un mauvais levain que ses belles paroles.

UN BANQUIER.

Une bonne potence en aura bien raison.

LE RICHE.

N'a-t-il pas dit hier à son peuple en guenille
Que plutôt qu'un seul riche au royaume des cieux
Un gros câble entrera par le trou d'une aiguille?

LE BANQUIER.

Ce sont là des propos vraiment séditieux !

LE RICHE.

A quoi pensent-ils donc, tous les princes des prêtres,
Les sacrificateurs, les docteurs de la Loi ?...
Tous les pauvres demain vont nous parler en maîtres,
Si l'on n'arrête pas ce gueux — qui se dit roi !

A un citoyen romain qui les aborde.

Qu'en pense-t-on là-bas, vous qui venez de Rome?

LE CITOYEN ROMAIN.

Rome ne se croit pas en péril pour si peu.
Elle a coutume aussi de faire un dieu d'un homme...
Pourtant l'ordre est donné de surveiller ce dieu.

LE RICHE.

Pilate est faible ; il veut plaire aux uns comme aux autres;
Il flatte Rome et veut surtout rester préfet ;
Il flatte aussi les gueux... de la graine d'apôtres !
Il hésite et voilà comme un grand mal se fait !

LE BANQUIER.

Ce farouche Romain obéit à sa femme

LE CITOYEN ROMAIN.

Elle croit Adonis revenu dans ce dieu !

UN PRÊTRE.

Madame Putiphar, peut-être... avant le drame

LE RICHE.

Vous riez ? — Il est temps plutôt d'agir un peu.
Vous un prêtre, voyons, songez que ce Messie
Soulève un mouvement qui ne se peut souffrir.
Le Temple est en danger. D'où vient votre inertie ?

LE PRÊTRE, *tout bas.*

Silence ! Nous songeons à le faire mourir.

XLIII

LE BANQUET

Lorsqu'il leur annonça qu'un d'eux le trahirait,
Tous, le cœur incertain, craignirent en secret.
Même après qu'en Judas il eut marqué le traître,
Ils restèrent longtemps craintifs de se connaître,
Et leur tristesse emplit la salle du banquet.
Or, Jean, le favori, que Jésus remarquait
Pour la grâce du cœur tendre et vite chagrine,
Inclina lentement le front vers sa poitrine,
Et le divin trahi, divinement humain,
Sur le beau front de Jean posa longtemps sa main.

XLIV

LA SUEUR DE SANG

Tandis que les deux fils de Zébédée et Pierre
Sentaient s'appesantir lourdement leur paupière,
Le Dieu, comme il est dit aux livres qu'on a lus,
Se chercha dans lui-même et ne se trouva plus.
Il avait dit : Dieu seul est fort. Croyez au Père.
Il avait dit : Il faut qu'on aime et qu'on espère.
Il avait dit : Heureux les tristes et les doux.
Il avait dit : La paix du ciel soit avec vous.

Maintenant, dans son cœur diminué, fragile,
Le messager divin doutait de l'Évangile
Et sa robuste foi d'espérance et d'amour
Défaillait comme autour de lui l'éclat du jour...
Le prometteur de paix n'est qu'une âme en tumulte;
Sa promesse a menti; sa douceur, on l'insulte.
La trahison le suit dans l'ombre pas à pas,
Et son Dieu de pitié ne le console pas.

***

— « Seigneur, nous nous parlions autrefois face à face,
Sur le bord des lacs bleus et le long du blé mûr,
Et voilà qu'aujourd'hui votre image s'efface,
Juste à l'heure où mon cœur demande un appui sûr.

Ne m'abandonnez pas juste à l'heure de trouble
Vous qui m'avez souri par les jours de soleil!
Pierre m'a renié déjà dans son cœur double,
Et, tandis que je meurs, — mes amis ont sommeil

Seigneur ! rien n'est donc vrai de tout ce que j'annonce?
Et la dette du Fils, vous ne la paîrez pas !
Seigneur, j'attends de vous un souffle pour réponse...
Je comprendrai, Seigneur : vous pouvez parler bas

J'assemble dans mon cœur tous les désirs de l'homme
Et l'humanité même agonise avec moi.
Mon Père, répondez au Fils quand il vous nomme...
L'espérance et l'amour méritent bien la foi !

J'ai fait deux pas vers vous, Maître de toute chose,
Faites un pas vers moi qui sanglote à genoux ;
La foi n'est pas un bien dont notre âme dispose :
On vous attend de vous, Seigneur ! Exaucez-nous !

Ils ont derrière moi couru vers un fantôme,
J'ai trahi ceux à qui j'ai promis votre amour,
Si je doute de vous et de votre royaume
Que j'avais cru plus sûr que la splendeur du jour !

Mais alors, ô Seigneur, que vais-je donc leur dire
En sortant de cette ombre où mon cœur a douté ?
A quoi leur servira mon étrange martyre,
Si le prix n'en est pas votre immortalité ?

J'ai dédaigné pour vous les sujets de leur joie ;
A ma mère j'ai dit : Qu'avons-nous de commun ?
Et les pieds et les yeux rivés sur votre voie,
Je n'ai pris à l'amour terrestre qu'un parfum.

Seigneur ! ai-je trompé les races à ma suite,
Et légué le néant à tous ceux qui viendront ?
Seigneur, je meurs d'effroi ! Seigneur, répondez vite
Car la sueur de sang découle de mon front !

Ce supplice, ô mon Dieu ! dépasse tout supplice,
De douter, juste à l'heure où l'on meurt pour sa foi!
Épargnez-moi l'horreur de boire ce calice,
Détournez, s'il se peut, ce calice de moi ! »

***

Dieu ne répondit pas. Et de la tête blonde
Qui, lourde, s'affaissait sous les malheurs du monde,
La sanglante sueur, goutte à goutte tombait...
Et ce doute suivra le dieu sur son gibet !...
C'en est fait. Tout est vain. Tout est faux. Tout est vide!
Et ses yeux, dilatés dans sa face livide,
Interrogeaient l'espace horrible où rien n'a lui.
Tout à coup sa pensée, en lui, revint sur lui ;
Son regard, détourné du gouffre où Dieu se voile,
Vit dans son propre cœur une lueur d'étoile,
Et Jésus s'écria : « Ma lumière, c'est moi !
Mon cœur se fera dieu pour qu'ils aient une foi.
Tout leur bonheur promis, je le porte en moi-même,
Et je crois à l'amour puisque—malgré tout—J'AIME ! »

Et Jésus se leva, triste paisiblement.
Ses disciples, assis, l'attendaient en dormant,

Sans avoir pris leur part de son angoisse sainte.
L'un sur l'autre appuyés ils sommeillaient sans crainte,
Très calmes et l'esprit roulé dans le sommeil.
Jésus aurait aimé prendre un repos pareil,
Mais, non loin, les soldats rôdaient avec leur lance,
Et Jésus, s'asseyant sur la pierre en silence,
Se garda d'éveiller trop vite ses amis,
Parce qu'il les jugeait heureux d'être endormis.

XLV

LA GRANDE SOLITUDE

Quand tous nos ennemis, indifférence ou haine,
S'uniraient pour couvrir d'insultes notre cœur ;
Quand nous entendrions, dans un rire moqueur,
S'élever contre nous toute la rage humaine,

Nous pourrions dire encor : « Ils comprendront un jour :
S'ils ne comprennent point, ce n'est pas de leur faute ;
Ils n'ont pas, pour bien voir, la pensée assez haute ;
Ceux qui peuvent haïr ignorent tout amour. »

Et nous accepterions ce mal pour nécessaire !
Mais que ceux dont on dit : « Mes chagrins sont les leurs, »
Ne puissent pas nous suivre au fond de nos douleurs,
C'est bien grande pitié, c'est bien grande misère !

Surtout quand notre mal vient d'eux, souffert pour eux
Il est vraiment cruel d'être seul dans l'angoisse,
Et que cette lueur qui venait d'eux décroisse,
Et que l'on soit plus seul, étant plus malheureux.

La douleur qui nous point, quelquefois l'agonie,
Nous exalte, et nous fait tout scruter et tout voir,
Et ceux pour qui la veille est alors un devoir,
Sentent leur lassitude écrasante, infinie :

Ils s'endorment!... O Christ! Dieu de l'amour profond,
Ils t'ont laissé tout seul dans la grande ténèbre !
Toi, quittant par trois fois ta prière funèbre,
Pour te sentir près d'eux, tu viens voir ce qu'ils font

LA GRANDE SOLITUDE.

Ils dorment ! et ta voix, ils ne peuvent l'entendre !
Elle n'arrive plus au cœur de tes amis...
« Jean, tu dors ? Pierre, Jacque, êtes-vous endormis ?
Et Jésus, par trois fois, vint, plus faible et plus tendre

Par trois fois dans son ombre il retourna plus seul,
Disant : « La chair est faible, en dépit du courage !
Ils n'ont pas pu veiller et m'aimer davantage !
Et j'ai froid comme un mort dans l'oubli du linceul !

«... Amis, la trahison se prépare et m'entoure :
Veillez un peu ; priez !... » Ils se rendormiront !
L'abandonné de Dieu, sa sueur sur le front,
Appelle — sans que même un homme le secoure

Ah ! j'aime mieux la croix entre les deux voleurs !
Et si l'humanité veut consoler cet homme,
Ce n'est pas au moment où sa mort se consomme,
Qu'elle doit revenir pour baiser ses douleurs...

C'est là, c'est dans la grotte affreuse où son sang coule
Non celui de la chair, mais le sang de l'esprit,
C'est quand il souffre, seul, tout ce que l'on souffrit,
Qu'il faut mettre à genoux les pitiés de la foule.

XLVI

LA PREUVE EST EN NOUS

Comment ton cœur a-t-il douté
Que l'amour soit, — si ton cœur aime ?
Tu n'as pas la bonté suprême,
Si tu doutes de la bonté.

Si tu doutes de la justice,
Sois équitable dans ton cœur
Tu vaincras ton doute moqueur,
Par la vertu d'un sacrifice.

Aie en toi le vrai dévoûment,
Tu le croiras possible à d'autres ;
C'est tout le secret des apôtres :
Prouve-toi l'amour, en aimant.

Le prix d'une pitié sincère,
C'est qu'elle nous donne, en retour,
L'espoir, la foi, dans un amour
Doux à notre propre misère.

Dans son cœur, mieux que sur l'autel
Ainsi le chrétien fait descendre
La foi, l'espoir et l'amour tendre,
En trois mots le Christ immortel.

Oui, je crois à l'amour — quand j'aime
Et c'est là, dans l'homme meilleur,
La paradis intérieur,
Le royaume de Dieu lui-même.

XLVII

LE BAISER DE JUDAS

Et Judas, trahissant celui qui se dévoue :
« Je vous désignerai l'homme en baisant sa joue. »
Les soldats le suivaient ; il ne faisait plus jour,
Et Jésus dit : « Voici le pouvoir des Ténèbres ! »
Et Judas, dont le nom pèse aux traîtres célèbres,
Par le signe d'amour perdit l'homme d'amour.

XLVIII

L'ÉPÉE.

Ils vinrent avec des bâtons et des lanternes,
Des lances qui parfois reluisaient dans la nuit,
Et Judas les guidait, l'homme lâche aux yeux ternes,
Heureux d'être dans l'ombre où sa bande le suit.

« Que cherchez-vous ? » leur dit en s'avançant le Maître.
— « Jésus de Nazareth. » Il répondit : — « C'est moi ! »
Ils reculèrent tous, troublés de le connaître,
Et sentirent passer sur eux un vent d'effroi.

Pierre le défendit. Il avait une épée.
Il la tira, frappant l'un des hommes obscurs ;
Et Jésus vit le sang d'une oreille coupée,
Et dit : « Ne versez pas le sang. Restons-en purs !

« Le glaive appellerait sans fin un autre glaive :
Ma douceur de victime est mortelle au bourreau...
Le règne de la haine à cette heure s'achève :
Simon Pierre, remets ton épée au fourreau ! »

Il parlait, rayonnant sur les faces funèbres :
Et, plus forts que l'épée et plus étincelants,
Ces mots terrasseront le pouvoir des Ténèbres
Et la guerre en mourra, fût-ce après trois mille ans

XLIX

LE REGARD

— « Tu trahiras trois fois, avant que le coq chante,
Ton Maître, avait prédit Jésus, et tu l'aimais ! »
Et sûr de n'avoir pas une âme bien méchante,
Pierre avait crié : « Non ! Jamais, jamais, jamais ! »

Jésus, par les soldats conduit chez le grand prêtre,
Marchait au milieu d'eux, traité comme un voleur.
Pierre suivit de loin, comme sans le connaître,
Retenu par l'effroi, poussé par sa douleur.

Dans la cour du grand prêtre, au seuil du juge infâme,
Les soldats se chauffaient près d'un brasier ardent ;
Et Pierre vint s'asseoir comme eux devant la flamme ;
Fidèle, il était là, mais se taisait, prudent.

Par trois fois, tour à tour, une servante, un homme,
Lui dirent : — « Étranger, tu connais celui-ci ? »
— « Je ne sais même pas, moi, comment il se nomme ! »
— « N'es-tu pas cependant de Galilée aussi ? »

— « Je ne le connais point ! » répète le bon Pierre.
Vous êtes de ses gens ? » — « Moi ? non, en vérité ! »
Et d'un air très naïf, il baissait la paupière...
Et c'est à ce moment que le coq a chanté.

Et Jésus qu'entouraient la menace et les gestes,
Tourna vers cet ami tendre et faible de cœur,
Dans la lueur du feu, ses yeux, ses yeux célestes
Où le blâme jamais n'avait rien de moqueur.

La flamme du brasier illumina sa face,
Fit grésiller d'éclairs son front, ses cheveux d'or :
Et ses yeux, où la joie expirante s'efface,
Toujours pleins de clarté brillèrent plus encor.

Oh ! ce regard d'amour, où l'amour agonise,
Quel reproche à l'ami traître par lâcheté !
Du mensonge prévu la tendresse est surprise
Et l'espoir éternel meurt pour avoir douté !

Dans ces yeux-là, l'amour survit, mais sous un voile !
La flamme en sort ; l'amour recule tout au fond.
Et c'est comme un ciel triste où fuirait une étoile
Qui voudrait ne plus voir ce que les hommes font.

— « Je l'avais bien prévu : ta bouche me renie !
Mais j'avais confiance en ton cœur, malgré moi...
Vois, dans mes yeux, souffrir la tendresse infinie,
Vois souffrir dans mes yeux l'espérance et la foi !

« A l'heure où j'ai besoin d'une force suprême,
Comment peux-tu laisser, toi l'ami juste et bon,
Parmi tant d'ennemis, ton Maître aimé, qui t'aime,
Plus malheureux, plus seul par ton lâche abandon ! »

Et, sans une parole, aux lueurs de la flamme,
Le Maître regardait son ami fixement,
Et Pierre, le dégoût de lui-même dans l'âme,
Pleura, pleura, d'avoir trahi tout en aimant !

L

LE SOUFFLET

Chez le souverain sacrificateur.

ANNE.

Que prêchais-tu ?

JÉSUS.

Ce que j'ai dit, tout le proclame.
J'ai dit ce que j'ai dit ; je l'ai dit haut, toujours ;
Personne ne l'ignore et beaucoup l'ont dans l'âme.
Que ceux qui m'écoutaient répètent mes discours.

UN OFFICIER.

Est-ce ainsi qu'on répond, roi des Juifs, faux prophète
Au Sacrificateur souverain !

Il lui frappe la joue.

Je soufflette
Un roi

JÉSUS.

Si j'ai mal dit, que ne le prouvais-tu ?
Et si j'ai bien parlé, pourquoi m'avoir battu ?

LI

JUDAS

— « Un d'entre vous, dit-il, me trahira. » — La table
Frémit. Tous à la fois, tremblants, doutèrent d'eux,
Et tous, sauf Jean, devant ce mot épouvantable,
Connurent, dans leur cœur troublé, des fonds hideux.

« Sera-ce moi, Seigneur ? » disaient leurs lèvres blêmes,
Et leurs regards plaintifs imploraient son secours,
Car ils ne trouvaient point d'assurance en eux-mêmes;
C'est par lui, non par eux, qu'ils espéraient toujours.

— « Celui qui met sa main au plat avec la mienne,
C'est le traître ! » Alors, tous ayant pensé : « Judas ! »
Le fourbe qui mangeait à la table chrétienne
Vit dans les yeux l'injure et sortit à grands pas !

Qui vendait-il ? pourquoi ? pour quelle pauvre somme ?
Trente méchants deniers, vraiment, c'était trop peu !
Ce n'était pas le prix que vaut un honnête homme,
O stupide Judas, et tu vendais ton Dieu !

Quoi ! depuis qu'il te parle et que toi tu l'écoutes,
Tu ne sais rien de lui, ni son cœur ni son prix !
Ah ! pauvre être gonflé d'ignorance et de doutes,
Tu l'as bien mal vendu, ne l'ayant pas compris !

Comme un sourd paresseux tu marchais dans sa voie;
Ton cœur était de roc sous le bon grain sacré ;
Et lorsqu'il vous parlait des lys vêtus de soie,
Tu regardais, jaloux, ton manteau déchiré.

Dans ton cœur ténébreux et souillé, dans ton âme
Plus sale que le bas de ta robe en haillons,
Jamais n'était entrée une petite flamme
Quand il ouvrait son ciel d'où pleuvaient des rayons

Mais lorsque, dans ta nuit sans joie et sans étoile,
Tu songeas : « Quoi ! demain je ne l'entendrai pas ! »
Sur ta tête, la nuit se fendit comme un voile :
Tu vis son ciel là-haut, ton infamie en bas !

Pareil au malheureux tombé dans un puits sombre,
Tu vis, tu vis, du fond de ton gouffre insondé,
Tout là-haut, par la fente ouverte sur ton ombre,
Un ciel que tu n'avais pas encor regardé !

Malheureux ! tu revis toutes les choses calmes
Dont il parlait : les lys, les blés, même l'ânon ;
Tu compris le langage et la gloire des palmes,
Et les petits enfants qui riaient à son nom ;

Tu revis la clarté des eaux de sa fontaine,
Et la même clarté limpide dans ses yeux,
Et tu dis : « J'habitais cette splendeur lointaine !
Son cœur, c'était déjà le Royaume des cieux ! »

... Dans le champ du potier, jetant la bourse vile,
Judas en murmurant : « O Jésus ! » se pendit.
Et lui-même maudit comme un figuier stérile,
Son corps fut comme un fruit sur cet arbre maudit.

LII

LA JUSTICE DU PEUPLE

Devant le palais de Pilate.

PILATE.

Es-tu le roi des Juifs ?

JÉSUS.

Tu l'as dit.

PILATE.

Peuple, écoute!

Cet homme me paraît innocent ; dans le doute,

Qu'il soit libre : le cœur de son juge a douté.
Mais puisqu'on a le droit de mettre en liberté
L'un de tes prisonniers, aujourd'hui jour de fête,
Délivrons ce Jésus

LE PEUPLE.

Non ! Non ! Sa croix est prête !

UN OFFICIER, *à Pilate.*

Ta femme m'a chargé de te dire tout bas,
Seigneur, d'être prudent.

LE PEUPLE.

Délivre Barrabas !

PILATE.

Barrabas ! le plus vil des gueux ! le plus infâme !
Un meurtrier, un monstre affreux !

L'OFFICIER, *bas, à Pilate.*

Songe à ta femme,
Seigneur. Elle a rêvé que cet homme est un dieu.

LA FOULE.

Délivre Barrabas !

PILATE.

O peuple ! écoute un peu...

L'OFFICIER, *bas, à Pilate.*

Entre cet homme et toi ne mets pas d'injustice.

PILATE.

O peuple, réfléchis ! que ton cœur s'amollisse !
Cet homme n'a rien fait de coupable, à mes yeux.
Apaise ta menace et ton cœur furieux :
Dis-nous son crime, au moins ?

LA FOULE.

Non ! qu'on le crucifie !

PILATE.

Cet homme est innocent, je vous le certifie.

LA FOULE, *hurlante.*

Délivre Barrabas... Barrabas !... Barrabas !...

PILATE.

Qu'on m'apporte de l'eau.
Si l'on ne m'entend pas,
On me voit ; c'est assez... Moi, juge au nom de Rome
Je me lave les mains du sang pur de cet homme.
C'est votre affaire !

LA FOULE.

A mort !

PILATE, *à l'officier.*

Ces gens sont inhumains.

LA FOULE.

A mort, Jésus ! à mort!

PILATE, *à lui-même.*

Je m'en lave les mains.

A voix haute :

Peuple, encore une fois, que ton cœur s'amollisse!

D'un ton insinuant :

Voyons, mes bons amis, vous voulez la justice?

LA FOULE.

Non ! Barrabas !

PILATE.

Voyons, vous voulez, n'est-ce pas
La justice ?

LA FOULE.

Non ! Non ! nous voulons Barrabas

LIII

LA VENGEANCE

LE BOURREAU.

Eût-il été Satan qu'il n'aurait pu s'enfuir ;
Nous l'avons attaché, nu jusqu'à la ceinture,
Et comme sur une aire on bat la moisson mûre,
J'ai fouetté, de mon fouet aux lanières de cuir.

UN MARCHAND

Il excitait le peuple ; il fallait un exemple !
Mais depuis quand es-tu bourreau ?

LE BOURREAU.

Depuis le jour,
Voisin, où ce Jésus, qui parle tant d'amour,
M'a fustigé !... J'étais un des marchands du Temple

LIV

LE ROSEAU

Lorsqu'il eut dans la main le roseau dérisoire
Et sur le front l'affreux diadème sanglant,
Tous riaient, lui disant : « O roi brillant de gloire,
Ton peuple prosterné te salue en tremblant. »

— « Les peuples et les rois ont une même mère,
Leur dit-il. L'esprit seul est durable et seul fort ;
La couronne des rois n'est qu'un signe éphémère,
Et mon faible roseau va défier la mort. »

LV

LA CROIX

— « Ta croix ? Elle est encor chez l'ouvrier ; pas prête.
Nous la prendrons, au bas de la côte, en passant. »
Et Jésus chemina, levant sa blonde tête
Sous la couronne affreuse où l'on voyait du sang.

Au pied du Golgotha, dans sa boutique étroite,
Le charpentier se hâte : — « Encor deux ou trois clous, »
Grognait-il. Et Jésus regardait d'un œil doux
Cet homme qui frappait les clous de sa main droite.

— « Bon ouvrier, dit-il, te voilà bien pressé !
Livre toujours, ami, ton œuvre à l'heure dite...
Surtout ne gâte rien jamais, pour faire vite...
Le mal présent est fait de tout le mal passé. »

Le peuple s'étonnait de sa bonté tranquille.
Lui, quand l'homme eut fini, prit sa croix sur son dos ;
Il sentit sous le faix craquer ses pauvres os,
Mais il disait : « L'esprit soutient la chair fragile. »

Et comme il s'éloignait : « Il faut, dit-il encor,
Que le forgeron forge et que le faucheur fauche...
Sois, pauvre charpentier, béni dans ta main gauche,
Celle qui n'a jamais compté l'argent ni l'or. »

LVI

LE BOIS VERT

Et Jésus, sous la croix, entouré de blasphèmes :
« Ne pleurez pas sur moi, femmes, mais sur vous-mêmes !
Heureux le ventre, hélas ! qui n'a point enfanté !
Heureux trois fois le sein qui n'a pas allaité !
Voici le temps de dire à la montagne : « Tombe !
Couvre-nous ! » Au coteau : « Ne sois plus qu'une tombe ! »
Car si l'on traite ainsi le bois vert et vivant,
Que fera-t-on au bois sec, mort, celui qu'on vend ? »

27

LVII

LE JUIF ERRANT

JÉSUS.

Laisse-moi m'arrêter sur ton seuil, un instant.

LE JUIF.

Non ! marche ! — Roi du ciel, ton royaume t'attend.

UN HOMME, *dans la foule.*

Sois maudite à jamais, race que j'abomine !
Puisses-tu, toi qui ris du chemin qu'il chemine,
Marcher sans fin, marcher sans voir ton dernier jour.

Il crache à terre en signe de mépris.

JÉSUS.

La malédiction blesse ma loi d'amour :
Cette parole en moi ne s'est pas prononcée,
Mais un grand mal naîtra de la dure pensée :
Il marchera sans fin, ce juif, partout banni,
Et l'on m'accusera, moi, de l'avoir puni !

LE JUIF.

Pardonne-moi, Jésus ! Que ton cœur compatisse...

JÉSUS.

Cherche en ton propre cœur l'amour et la justice.

LVIII

LE CYRÉNÉEN

Au retour de son champ, Simon de Cyrénée,
Comme tombait Jésus, au pied du Golgotha,
Sautant à bas de son pauvre ânon, s'arrêta
Et cria tout à coup à la foule étonnée :

« N'avez-vous point de honte, ô gens de peu de cœur,
De lui faire porter le bois de son supplice ?
Cœurs froids et durs ! pas un que sa peine attendrisse ! »
Mais tous lui répondaient par un rire moqueur.

Alors il leur jeta l'insulte après l'insulte
Et l'imprécation, fureur de sa bonté !
Mais le peuple, à son tour, follement irrité,
L'entoura de menace et de cris en tumulte.

— « Si vous chargiez ainsi votre âne, il tomberait !
Vous voyez que cet homme est faible ; elle est trop lourde ! »
Et Simon criait fort, mais la foule était sourde,
Et le dieu défaillant le bénit en secret.

Sous le fardeau, Jésus, relevé, tombe encore ;
Et comme on est pressé d'atteindre au haut du mont
La foule a mis la croix sur le dos de Simon
Qui, penché vers Jésus, à voix basse l'honore :

« Eh bien, tant mieux ! dit-il. Vois-tu, je sais ton nom.
On m'a dit ta parole, et ce m'est douce chose
De porter un moment ta croix. Ça te repose...
Mais, pendant ce temps-là, qui va soigner l'ânon ? »

A ce mot simple, au ton de ces paroles calmes,
Le Maître a tout revu dans un songe obscurci :
Bethléem et la fuite au désert, comme aussi
Le triomphe d'un jour sur l'âne, et sous les palmes.

Et Simon leur criait : « N'avais-je pas raison
De vous dire qu'elle est trop lourde ? elle m'écrase !...
Jésus, laisse-moi faire !... »
Et Jésus, en extase,
S'arrêtant, regardait plus loin que l'horizon.

LIX

VÉRONIQUE

Véronique, je viens à toi, les yeux noyés,
Pâle et le front suant, au pied de mon Calvaire,
Afin que de ta main douce, que je révère,
Mes yeux, mon front soient essuyés.

Oh ! tout homme est un Christ et subit l'injustice
Mais tous ne trouvent pas, en gravissant le mont,
Comme j'ai rencontré Véronique et Simon,
Un cœur tendre qui compatisse.

Je viens à toi, ma sœur, comme un dieu châtié,
Non pas pour que de moi ma douleur se retire,
Mais pour que, suscitant l'amour par mon martyre,
Je puisse croire à la pitié.

LX

LA FACE SUR LE VOILE

Non, telle qu'elle s'est empreinte sur le voile
Que sur elle posa la tendre humanité,
La face de Jésus, divine sans étoile,
Ne garde pas le sceau de l'affront supporté.

Et ce n'est pas le sang qui, dessinant les lignes,
En a, dans l'éternel, fixé le beau contour ;
Non, elle a les candeurs des neiges et des cygnes,
Les pâleurs d'un albâtre où veille un feu d'amour.

Sur le voile éternel où luit l'image auguste,
Et que l'humanité baise encore en pleurant,
On voit, dans la beauté du front, l'âme du juste,
La paisible fierté d'un humble resté grand.

Le vendu de Judas, le renié de Pierre,
Devant aucun de ceux qui le crucifieront,
N'a jamais abaissé cette calme paupière :
C'est vers les humbles seuls qu'il a courbé le front.

Et la sueur de sang dans la grotte du doute,
Les noirs caillots, fleurons de ta couronne, ô Christ!
Sous tes yeux creux, les pleurs égrenés goutte à goutte,
Toute l'horreur s'efface en ta splendeur d'esprit !

La paix, la volonté, la force de ton âme,
Empreintes sur ton front, dominent les effrois,
Et notre âme, pourtant plus faible qu'une femme,
Oublie, — en regardant tes yeux, — l'horrible croix.

LXI

L'HORIZON DU CALVAIRE

Quand il fut sur le mont, il domina la ville
Et la Judée et tous les pays d'alentour,
Et, par-dessus les cris de cette plèbe vile,
Plus loin que l'horizon ses yeux portaient l'amour.

Son regard s'arrêtant sur l'Occident, sur Rome :
— « Pan est vaincu ! » dit-il ; puis son esprit vola
Vers le Sud, et son cœur d'enfant s'émut dans l'homme,
Vit Bethléem et dit : « L'étoile est toujours là ! »

Puis il cherche au Levant, vers le lac Asphaltite,
Les barques des pêcheurs sur les rivages blancs,
Ses amis, dont la foi lui semble bien petite,
Puisqu'ils sont aujourd'hui dispersés et tremblants.

Puis, au Nord, il revoit, par delà Samarie,
La douce Galilée et l'aube des matins,
Les reproches touchants de sa mère Marie
Et l'outil maladroit sous ses doigts enfantins.

Toute sa vie en lui dans un éclair repasse,
Et la terre, où ce roi commandera les rois,
Lui rend justice et dit : « Ton cœur emplit l'espace ! »
Mais le bourreau cria : « C'est prêt, viens sur ta croix. »

LXII

LE TROU DANS LE ROC

Pour planter et dresser la croix couchée à terre,
Il faut d'abord creuser le Golgotha pierreux ;
Le ciel noir regardait s'accomplir ce mystère,
Et les gens commençaient à parler bas entre eux

Sous le fer jaillissait le feu des rocs rebelles ;
Et le trou qu'il fallait se creusa lentement,
Et Jésus, regardant ce trou plein d'étincelles :
« — Ma maison doit durer sur un tel fondement. »

Puis, quand ce fut fini : « Par ma mort je commence;
Regardez donc, vous tous qui pouvez approcher ;
Dans ce trou de rocher je jette ma semence:
Ma moisson lèvera dans un trou de rocher. »

LXIII

LE BOURREAU SUR L'ÉCHELLE

Et lorsqu'il fut en croix, un homme, sur l'échelle,
Vint battre encor les clous qui retenaient ses bras,
Et le martyr, sentant que le bourreau chancelle :
— « Si tu veux te hâter, frère, tu tomberas !... »

Et le vil mercenaire à qui le mot s'adresse,
Si ce mot ne l'eût pas mis en garde, tombait...
Et c'est le cœur gonflé d'inutile tendresse,
En pleurant, qu'il frappa sur les clous du gibet.

Alors le dieu cria, sentant ses mains percées,
Levant ses yeux sanglants vers le grand ciel profond,
Bien plus que de leurs clous souffrant de ses pensées :
« Pardonnons-leur, car ils ne savent ce qu'ils font! »

LXIV

LES INVECTIVES DE LA FOULE

A JÉSUS CLOUÉ SUR LA CROIX

VOIX DANS LE PEUPLE.

— Eh ! tire-toi de là, fils de Dieu, Dieu toi-même!
— Tu nous vois de plus haut !
— Est-on bien, là-dessus ?
— Ça t'approche du ciel.
— Salut au roi Jésus !
— Grand roi, qui t'a donné ce riche diadème

Où tant de gros rubis brillent comme du sang ?

— Eh bien, tes douze amis ? ils t'ont vendu, bonne âme
Ils t'aimaient, disais-tu, malin ?
— Faux innocent !
— Bandit !
— Coquin !
— Sorcier !
— Lâche !
— Imposteur infâme

— Ton Dieu si bon ne vient pas vite à ton secours !

— Un orgueilleux ! qui dit un jour à ses apôtres :
« Pleurez, amis, car vous ne m'aurez pas toujours ! »
Ça ne va pas tarder !
— Toi qui sauves les autres,
Sauve-toi !
— Tu m'as l'air cloué solidement.
— Tu vas passer la nuit au bon frais, par exemple !

— Il n'est pas mal bâti !

— Bâti comme le Temple !

— Pour un Verbe tout pur, il semble bien en chair.

— Quoique tu sois un pur esprit, ton corps t'est cher,
Car tu fais la grimace. Elle n'est pas très belle.

JÉSUS.

Éli ! Éli !

UN SOLDAT.

Eh bien ! que dit-il ?

UN AUTRE SOLDAT.

Il appelle
Élie à son secours.

VOIX DANS LE PEUPLE.

Chante, mon bel oiseau !

— J'aime à voir le vrai roi d'Israël, dans sa gloire !
— Il ne souffle plus mot, ce grand parleur.

JÉSUS.

A boire !

PREMIER SOLDAT.

Plante-moi cette éponge au bout de ce roseau.

DEUXIÈME SOLDAT.

Trempons-la dans le fiel, c'est très bon pour la fièvre.

PREMIER SOLDAT.

C'est bien. Promenons-la maintenant sur sa lèvre...

JÉSUS.

Dieu ! leur malignité, c'est ma seule douleur...
Pardonnez-leur, pardonnez-leur, pardonnez-leur.

LXV

LES DEUX LARRONS

PREMIER LARRON.

Toi qui te dis le Christ, sauve-toi donc toi-même
Et nous avec ! — Ton Dieu nous délivre, s'il t'aime !

DEUXIÈME LARRON.

Tu ne crains donc pas Dieu ? Si nous deux nous souffrons,
Si les lourds châtiments écrasent nos deux fronts,

C'est justice ! — Mais lui n'a fait mal à personne...
Seigneur crucifié, Seigneur dont l'âme est bonne,
Songe à moi dans ton ciel... Tu me le promets, dis ?

JÉSUS.

Tu viendras avec moi, frère, en mon paradis.

LXVI

AU BON VOLEUR

Béni, sois béni, bon voleur,
Pour avoir dit ces deux paroles,
Ami, c'est toi qui nous consoles
Dans cette suprême douleur ;

Toi qui relèves le nom d'homme,
A l'heure de la lâcheté,
Quand tous ses amis l'ont quitté,
Quand le grand crime se consomme.

Tu veux ta part de paradis ?
Mais ton cœur est bon, puisqu'il aime,
Tandis qu'ennemi de lui-même,
L'autre raille ce que tu dis.

Sois béni, pauvre misérable,
Sois envié par les meilleurs,
Pour avoir mis sur nos douleurs
Ton égoïsme secourable.

Et n'est-ce pas qu'il te fut bon,
En retour de ta confiance,
Le mot du Dieu de patience,
Son mot suave de pardon ?

N'est-ce pas qu'à la mauvaise heure
Où l'âme de nos lèvres sort,
Tu trouvas bon goût à la mort,
Un goût de paix intérieure ?

Quand ton souffle s'est envolé,
— Pour avoir, rien qu'une seconde,
Espéré le salut du monde,
Tu te sentis tout consolé...

Les moqueurs nient, dans un blasphème,
Qu'on entre au royaume des cieux...
Soit. C'est lui qui, délicieux,
Entre dans l'âme, dès qu'on aime.

LXVII

LE DOUTE SUPRÊME

Alors la nuit se fit dans son âme profonde
Et tout le ciel immense en était attristé ;
Et sa douleur, qui plane encore sur le monde,
Ne s'est pas consolée avec sa charité !

La croix ouvrait les bras sur le sommet funeste ;
Les deux autres gibets parurent plus petits ;
La terre s'assombrit du soir, du deuil céleste,
Et tous les beaux espoirs semblèrent démentis.

Où sont ceux qui, pressés les uns comme les autres,
Afin d'être guéris touchaient son vêtement ?
Où sont ceux qui l'aimaient? où sont les Douze Apôtres?...
Il est seul, seul, tout seul, seul lamentablement !

Point de justice. Rien ! Pas de peuple ; une foule...
Les femmes de pitié regardent, mais de loin,
Et debout sur la croix, d'où son sang coule et coule,
Il peut se réjouir de douter sans témoin.

O nuit d'horreur montante ! Oh ! les basses nuées !
La foule, qui serpente au flanc du Golgotha,
Envoie encor d'en bas de sinistres huées...
Alors le battement de son cœur s'arrêta.

Et ce fut sa seconde et sa grande agonie ;
Vainement il cherchait, en d'horribles efforts,
A rejoindre, là-haut, la Tendresse infinie...
Son âme était clouée au bois, — comme son corps !

Et rien ne descendit du ciel — qui semblait triste,
Pas un souffle d'espoir, pas un signe d'amour,
Et sur le mont désert, où plus rien ne l'assiste,
Il doute dans la mort, et meurt avec le jour.

Et ce vaincu, croyant que personne n'écoute,
Pleurant éperdument son beau rêve infini,
Pousse alors le grand cri, son cri, le cri du doute :
« Éli, dit-il, Éli ! Lamma Sabacthani !

« A moi, Seigneur ! Seigneur, à moi ! tout m'abandonne
N'est-ce donc pas de vous que je fus l'inspiré ? »
Et penchant son front las sous l'horrible couronne,
Le grand donneur d'espoir était désespéré.

LXVIII

LE TESTAMENT D'AMOUR

Or, voyant venir Jean, il oublia le doute
Et dit, dans un sourire : « O Jean, tu me suffis »
Et Marie arrivant avec Jean : « Frère, écoute :
Voici ta mère ; et toi, femme, voilà ton fils ! »

LXIX

OU SONT LES AUTRES ?

Quand il vit Jean, seul des Apôtres,
Au pied de l'arbre des douleurs,
Il se dit : « Où sont tous les autres ?
Pourtant mes maux sont faits des leurs !

« Ils me suivaient près des eaux calmes,
Dans les blés mûrs, dans la clarté,
Dans les honneurs, le jour des palmes...
L'ombre vient : ils m'ont tous quitté ! »

Oh ! lâches, lâches, trois fois lâches,
Ceux qui, payés d'un tel amour,
Ont fui devant les fortes tâches,
Peureux dès qu'il n'a plus fait jour.

Ils ont fait mentir l'espérance !
Ils avaient promis leur effort,
Mais ils feignent l'indifférence
Pour l'ami menacé de mort.

Ils répéteront sa parole
Quand il n'entendra plus leurs voix
Excepté Jean, qui le console ?
Ils ont tous peur de cette croix !

Ils n'auront pas vu l'agonie !
Ils diront : « Pardonnez, Dieu bon ! »
Lorsque la tendresse infinie
Aura souffert tout l'abandon !

Leur troupe hier s'est dispersée ;
Ces pêcheurs ont repris hier
La barque qu'ils avaient laissée
Sur le sable au bord de la mer.

Renonçant à pêcher des âmes,
Ils jettent leurs filets, bien loin...
Qui donc aura pitié ? les femmes ;
Et, seul d'entre eux, Jean est témoin.

Marie est là, pauvre âme en peine,
Mais c'est sa mère. Il est l'enfant !
Qu'est-ce après tout que Magdeleine ?
L'autre amour, partout triomphant.

L'amitié désintéressée,
L'amour issu du Verbe pur,
C'est Jean, le fils de sa pensée,
Le cœur tendre et fort, l'ami sûr.

« C'est Jean qui connaît ma doctrine,
C'est lui dont j'ai touché le front,
Lui qui posa sur ma poitrine
Sa tête où mes doigts se verront.

« Jean, seul, vient quand je désespère,
Quand, du fond des gouffres d'en bas,
Je jette un grand cri vers mon Père,
Qui, lui non plus, ne répond pas ! »

LXX

JEAN

Quand il vit Jean, l'ami dont l'âme était câline,
Qui, le jour où Judas le trompait bassement,
Avait longtemps posé le front sur sa poitrine,
Jésus, dans son cœur, dit à son disciple aimant :

« Jean, mon doux bien-aimé, l'horreur emplit ma bouche
Et ma lèvre est scellée et tu ne m'entends pas,
Mais ton âme m'entend, mon angoisse te touche,
Et c'est pour m'épargner que tu pleures si bas!

« Oh ! Jean, mon bien-aimé ! Jean, mon frère suave,
Dieu tout là-haut me fuit, mais en bas, toi tu viens !
Des plus tristes péchés la tendresse nous lave,
L'amour baptise seul ; seuls, les aimants sont miens.

« Jean, j'ai douté de ton amitié, tout à l'heure...
Maintenant j'ai compris ; j'avais manqué de foi !
Frère, tu consolais cette mère qui pleure,
Tu t'attardais pour elle à souffrir loin de moi !

« O Jean, mon adoré, ne t'éloigne plus ; reste ;
Défends mon humble esprit contre Satan moqueur :
Ton cœur d'homme est plus sûr que mon rêve céleste...
Jean, mon Dieu me répond : je l'entends dans ton cœur !

« Je le cherchais là-haut : je le trouve en ton âme ;
J'avais douté de l'homme et je suis châtié !
Le royaume de Dieu, c'est la petite flamme
Qui veille sur la terre et qu'on nomme pitié.

« Je crois sentir encor ta tête caressante
Peser sur mon épaule et sur mon cœur humain,
Et même je sens mieux, dans cette horreur présente,
Ta bonté dans mon cœur que leurs clous dans ma main ! »

Et lorsque le menton de Jésus-Christ s'écrase
Sur sa poitrine, avec un soupir innomé,
C'est que, voyant la mort, il croit, dans une extase,
S'endormir sur le cœur de Jean, le bien-aimé.

LXXI

LE CHEMIN VERS DIEU

Quand l'âme d'un vivant nous suit dans l'agonie,
C'est un bonheur d'amour ineffable, si grand,
De voir cette lueur dans notre ombre infinie,
Que tout le reste est vil aux regards du mourant.

Il ne regrette plus ni la grâce des roses,
Ni les rires d'enfant, ni le bleu clair du ciel...
Il voit ce qu'il chercha sous le spectre des choses :
L'amour réalisé dans l'immatériel.

Tout le vide pour lui s'emplit d'une lumière,
Tout le froid de la mort rayonne de chaleur,
Et sa suprême joie est vraiment la première,
Parce qu'un mal plus grand nous fait l'espoir meilleur.

Au chevet des mourants fais donc veiller des flammes ;
Parle bas : leur ouïe est fine quelquefois...
On dirait que l'espace, où vont entrer leurs âmes
A des échos sans fond qui décuplent nos voix.

Prends garde ! près des morts épure ta pensée :
Elle vibre... Autour d'eux elle ébranle un éther
Qui la transmet entière à leur âme blessée...
Ne les contriste pas des adieux de ta chair.

Frère, il faut consoler d'une pitié suprême
Ceux qui sentent monter le flot mystérieux...
La surdité des morts entend — lorsqu'on les aime :
Et leur cécité voit — quand nous baisons leurs yeux.

Ils ne regrettent plus alors l'éclat des roses,
Ni les rires d'enfants, ni le bleu clair du ciel...
Ils voient ce qu'ils cherchaient sous le spectre des choses :
L'amour réalisé dans l'immatériel.

Aimons-les, ceux dont l'âme en fuite, folle ou sage,
Nous écoute déjà du fond d'un autre lieu...
L'amour peut éclairer lui seul le noir passage :
Être aimé dans la mort, c'est le chemin vers Dieu.

LXXII

PROPOS DE FOULE

Dans les sentiers du Golgotha.

UN HOMME DU PEUPLE.

Est-il bien mort ?

UN AUTRE HOMME DU PEUPLE.

Il peut durer jusqu'à l'aurore

LE PREMIER.

La nuit doit sembler longue à ces gens mis en croix.

LE SECOND.

J'ai faim ; as-tu soupé, Jonathan ?

LE PREMIER.

Pas encore.

LE SECOND.

Ta femme va gronder ; qu'en dis-tu ?

LE PREMIER.

Je le crois.

UN SOLDAT.

Comme le sang coulait sous le bandeau d'épines !
Moi, j'aime à voir souffrir. Je me sens mieux vivant.

DEUXIÈME SOLDAT.

Le sang giclait des mains, des yeux et des narines...
Un beau crucifié ne se voit pas souvent.

UN JEUNE DÉBAUCHÉ.

Viens souper, belle fille. En s'aimant, on oublie.

UNE COURTISANE.

Non, je veux souper seule et rester seule un peu.

LE DÉBAUCHÉ.

Tu pleures ? Ça te fait paraître moins jolie.

LA COURTISANE.

Je pleure ce jeune homme ; il est beau comme un dieu.

UN CITOYEN ROMAIN.

Il est mort sans trembler.

DEUXIÈME CITOYEN ROMAIN.

Bah ! au cirque de Rome
Le gladiateur tombe en saluant César.

PREMIER CITOYEN ROMAIN.

Non, non, la grandeur vraie éclate dans cet homme.

DEUXIÈME CITOYEN ROMAIN.

Vous n'êtes qu'un enfant...Bien mourir, c'est un art.

PREMIER CITOYEN ROMAIN.

Seriez-vous mort si bien ?

DEUXIÈME CITOYEN ROMAIN.

Oui, devant Cléopâtre.

PREMIER CITOYEN ROMAIN.

Magdeleine est donc là ?

DEUXIÈME CITOYEN ROMAIN.

Parbleu, mais un peu loin...

PREMIER CITOYEN ROMAIN.

Donc, selon vous, Jésus ?...

DEUXIÈME CITOYEN ROMAIN.

Un héros de théâtre.
J'aurais voulu le voir mis en croix — sans témoin !

PREMIER CITOYEN ROMAIN.

Allons souper, j'entends me couronner de roses,
Pour oublier un peu ce spectacle assez noir.
Pilate est du festin ; il veut savoir les choses :
C'est pour les lui conter que je suis venu voir.
J'en parlerai souvent, à mon retour dans Rome.

TROISIÈME CITOYEN ROMAIN.

Peut-être était-ce un dieu ?...

PREMIER CITOYEN ROMAIN.

Je ne le nierais pas.

QUATRIÈME CITOYEN ROMAIN.

Oh ! cet homme est plus grand qu'un dieu, s'il n'est qu'un hom
... Par Hercule ! j'aurais mis à mort Barrabas !

TROISIÈME CITOYEN ROMAIN.

Ce qui veut dire ?

QUATRIÈME CITOYEN ROMAIN.

Eh ! mais... que sa mort, un exemple
Va faire à ce Jésus mille apôtres demain !
Jupiter est vaincu ; c'est temple contre temple ;
Et nous verrons la croix sur l'univers romain.

UN SAMARITAIN.

Moi, je ne croyais pas à ce Jésus. Que dis-je !
J'ai souhaité sa perte et qu'il fût châtié...
Ce qui me fait chrétien (sa mort est un prodige),
C'est l'admiration.

LE BON SAMARITAIN.

Et moi, c'est la pitié.

LXXIII

C'EST LUI QUI VEILLE

Comme il penchait le front, sur cette croix infâme,
L'Homme sentit venir un étrange sommeil
Qui traître, se glissait, souple, au serpent pareil,
Dans son corps douloureux où gémissait son âme.

Et pourquoi non ? Marie est au pied du gibet,
Et Magdeleine et Jean, qui pleurent en silence ;
Les soldats dorment, droits, appuyés sur leur lance,
Et Jésus au sommeil perfide succombait.

Il sentait s'assoupir sa douleur infinie ;
Un voile descendait entre elle et l'univers ;
Tous ses maux lui semblaient des maux jadis soufferts,
Son présent déjà loin — et c'était l'agonie.

Mais il s'était promis de souffrir dans la mort,
D'accomplir jusqu'au bout les choses du mystère,
Car ses veilles tombaient en bienfaits sur la terre...
Il se redressa donc, par un suprême effort...

Rouvrit tout grands ses yeux, clairs dans la nuit profonde,
Et pesant sur ses pieds et tirant sur ses bras,
L'Homme en croix, bien certain qu'on ne l'observait pas,
Réveilla ses douleurs pour saigner sur le monde.

LXXIV

L'HOMME MEURT SEUL

Comme il allait mourir, il abaissa les yeux
Vers sa mère et vit bien qu'elle était assoupie.
Or le Maître jugea cette faiblesse impie...
Mais son cœur reconnut que cela valait mieux.

Il bénit le sommeil qui consolait la mère...
Il aurait bien voulu que la mère eût compris
Malheur aux dévoués qui dévorent leurs cris
Les plus doux ont goûté la solitude amère.

Or Magdeleine et Jean, car c'était le matin,
L'heure froide où la nuit, près de mourir, frissonne,
S'endormirent. Qui donc le veillait ? Plus personne.
Alors il se revit bien seul dans son destin.

Il retrouva l'horreur de l'angoisse sacrée,
Et de son flanc, rouvert par un regret blessant,
Une liqueur coula... Ce n'était plus du sang...
Et sa force lui fut, par ceci, retirée.

Vainement il voulut faire un dernier effort :
Son menton s'écrasa, pesant, sur sa poitrine...
Un souffle s'envola de sa lèvre divine...
Et tout fut accompli par sa vie et sa mort.

LXXV

LA GLOIRE DES LYS

LE TEMPLE.

Mon voile est déchiré, mon voile se déchire :
Jésus est mort !

LE BON GRAIN.

Pas plus que le grain du froment.

LE VENT.

Jésus est mort.

LES MOISSONS.

Tu dis ?

LE VENT.

Ce que tout doit redire :
Jésus est mort.

LES BLÉS.

Son grain vit éternellement.

LE VENT.

Il est mort dans l'horreur, sous les coups et l'insulte,
Mis en croix, entouré de visages affreux.

LA TERRE.

Je me suis entr'ouverte et les morts en tumulte
Sont sortis des tombeaux pour en parler entre eux.

LE CIEL.

Moi j'ai cherché la nuit ; ma face s'est voilée
Et tout a tressailli d'une grande douleur.

LE VENT.

Pleurez, lys des coteaux ou lys de la vallée
O vous tous qu'il aima, choses, bêtes et fleur

L'ANE.

Mon humble cœur est plein d'une tristesse amère :
Je l'ai beaucoup connu ; je l'ai beaucoup aimé.

LE BŒUF.

Te souviens-tu du jour où, mieux que père et mère,
Nous le chauffions tout nu dans le foin parfumé ?...

L'ANE.

Comme il était mignon près de toi, grosse bête !

LE BŒUF.

Je n'avais pas prévu cet horrible destin.

L'ANE.

C'était un temps joyeux. Nous étions tous en fête.

LE BŒUF.

C'est le deuil d'un grand soir. C'était mieux qu'un matin.

L'ANE.

Les hommes sont hideux d'avoir pris pour victime
Celui qui défendit d'immoler des taureaux.

LE BŒUF.

Chez les ânes jamais on n'a vu pareil crime.

L'ANE.

Jamais parmi les bœufs on ne vit de bourreaux.

LES PETITS POISSONS.

Nous les petits poissons qu'il offrait à la foule,
Nous plaindrons-nous d'avoir été ce qui nourrit,
Lorsque, grain sous la meule ou raisin que l'on foule,
Lui-même il s'est donné; pain et vin de l'esprit ?

LA BREBIS.

Il m'a prise en ses bras quand je m'étais perdue ;
Il aimait ses brebis ; ce fut un doux berger.
J'étais bien loin ; ma voix, à grand'peine entendue,
Le guidait, à travers les monts et le danger.

LA COLOMBE.

Il a plus d'une fois baisé mes blanches ailes.

LE PASSEREAU.

Il m'a pris bien souvent dans le creux de sa main.

LA COLOMBE.

Mon bec rose a baisé ses mains blanches et belles.

LE MOINEAU.

J'ai gazouillé d'amour au bord de son chemin.

LA GLOIRE DES LYS.

Ne vous lamentez plus, ô fleurs, bêtes et choses :
Nous ferons oublier à tous cet affreux jour ;
Sous l'azur, les lys blanc, bien plus beaux que les roses,
Par-dessus sa misère élèvent son amour.

Devant ses pieds sanglants, sous l'effroi des prodiges,
Laissons les criminels s'écraser à genoux ;

Nous, toujours blancs et purs, droits sur nos fermes tiges,
Nous dirons qu'il fut jeune et blanc comme un de nous.

Il était pur et blanc, droit comme nous le sommes,
Et ses oiseaux chéris le diront dans leurs chants.
Ce fut un étranger divin parmi les hommes
Ce n'était qu'un ami parmi les fleurs des champs.

Laissez l'homme gémir, passereaux et colombes !
Et nous, les innocents, les lys qu'il regretta,
Croissons, multiplions, couvrons toutes les tombes,
Et par pitié cachons l'horreur du Golgotha.

LXXVI

JOSEPH D'ARIMATHIE CHEZ PILATE

PILATE.

Quoi ! vous, un sénateur, Joseph d'Arimathie,
Vous venez demander d'ensevelir Jésus !
Et vous blâmez sa mort, quand je l'ai consentie
Ces sentiments nouveaux...

JOSEPH.

Je les ai toujours eus.

Jamais je n'approuvai la malice des autres,
Mais j'étais riche, faible, et même sénateur !
Comme sur lui la haine était sur ses Apôtres :
Je faisais comme vous, Pilate, j'avais peur !...
J'ai honte enfin de voir comment on l'abandonne...

PILATE.

Quand on court au-devant du blâme, on a grand tort.
Si je vous ai dit non, ma raison est fort bonne :
Quel bien lui ferez-vous maintenant qu'il est mort ?

JOSEPH.

Je soulage du moins la conscience humaine,
Vous avez décrété tant d'horreur aujourd'hui,
Qu'une vertu m'a pris, que la mesure est pleine
Et je vous secours, vous, Pilate, plus que lui.
Il ne faut pas qu'on dise à la race future
Qu'après avoir fait fuir, sous le vent de l'effroi,
Ses disciples, des gens simples dans leur nature,
Vous avez refusé le corps du Maître, à moi.

Je veux ensevelir cet homme comme un homme,
Et vous le permettrez, je vous prie, ou sinon
J'irai dire partout que le préfet de Rome,
Ayant tué Jésus, tremblait devant son nom.

PILATE.

Sa mort a fait souffler comme un vent de démence...
Allez donc enfouir à tout jamais son corps.

JOSEPH.

Sa mission finit, mais la nôtre commence...
Il ressuscitera, par nous, d'entre les morts.

A Nicodème qui l'attend au seuil :

Viens, parais maintenant, très humble ami du Maître,
Qui, comme moi, suivis en secret ses leçons.
Nous qui n'osâmes pas, vivant, le reconnaître,
Maintenant qu'il est seul dans la mort, paraissons !

LXXVII

MAGDELEINE

Alors, à l'Orient, une aube froide et blême,
Traînant sur la montagne une robe en haillons,
Parut. L'Homme aussitôt, sous les premiers rayons,
Tout pâle, rayonna plus que l'aube elle-même...

On eût dit que de lui naissait le point du jour,
Et que sa chair laissait transparaître des flammes ;
Toutsommeillait encor, les soldats, Jean, les femmes...
Quel œil se lèvera le premier vers l'amour ?

Jean était las. Marie était comme écrasée.
Les plus grands désespoirs font cet accablement.
Un soldat s'éveillait. Dans ce même moment.
Magdeleine, en pleurant, pressa la croix baisée.

Elle éleva vers Lui la beauté de ses yeux
Où l'amour tendre et pur était une lumière,
Et fière de pleurer, ce jour-là, la première,
Elle aima dans la mort l'époux mystérieux.

LXXVIII

LA VISITE AU TOMBEAU

RÉCIT DE MAGDELEINE AUX DISCIPLES

MAGDELEINE.

Et nous venions, sa mère, et d'autres avec nous,
Apportant au tombeau la myrrhe préparée,
Mais nous ne vîmes plus la pierre de l'entrée ;
Nous entrâmes alors en pliant les genoux.

Deux Anges étaient là, blancs, vêtus de lumière,
Qui nous dirent : Pourquoi chercher dans les tombeaux?
Il est vivant. — Et ces deux anges étaient beaux
Et me dirent : « Tu dois le revoir la première. »

A terre, le linceul était demeuré là,
Et comme je pleurais, Jésus me dit : « Marie ! »
L'ayant vu, je dis : « Maître ! » Alors il s'envola...

LES DISCIPLES.

Hélas ! Hélas! Hélas ! c'est une rêverie.

LXXIX

LA RÉSURRECTION

Or, il ressuscita, si vivant dans leur âme
Que tous crurent le voir et le virent vraiment.
Il apparut d'abord dans le cœur d'une femme,
Car on garde la vie aux morts en les aimant.

Et le ressuscité du cœur de Magdeleine
Passa dans tous les cœurs, plus parlant que jamais...
La montagne a conté ce prodige à la plaine
Et la plaine en chantant l'a redit aux sommets.

Et du haut d'un mont bas, vu de toute la terre,
Lieu maudit entre tous comme le plus béni,
L'ombre des deux grands bras de la croix solitaire
Étreint le monde entier dans l'amour infini.

LXXX

LES DERNIÈRES PAROLES DU LIVRE DE JEAN

Il fit beaucoup, n'ayant que peu de temps à vivre,
Et celui qui voudrait tout écrire en détail
Ne pourrait pas suffire à l'immense travail,
Et le monde serait trop étroit pour le livre.

IL EST ÉTERNEL

IL EST ÉTERNEL

Homme divin, au pied de ta croix qui chancelle,
Arbre toujours debout quoique battu du vent,
Je viens, humble inspiré de l'âme universelle,
A l'heure d'un grand soir, t'adorer en rêvant.

Des scribes nous ont dit qu'avant ton Évangile.
Bien avant toi, Bouddha se fit homme étant roi,
Et que ta gloire ainsi comme une autre est fragile,
Et que tu n'es plus rien, si Dieu n'est plus en toi.

Ils ont dit, pour nier ta charité sublime,
Qu'elle prouve la peur des maux qu'on craint pour soi,
Comme si le peureux, penché sur la victime,
Était moins beau, quand il secourt malgré l'effroi.

Ce n'est pas tout : l'horreur mystique sort des tombes
Chaque fois que ton nom retentit sur l'autel ;
Des chrétiens se sont faits vendeurs de tes colombes :
Ils n'ont plus le vrai sens de ton Verbe immortel.

On a fait de ton nom sortir tous les scandales,
Et l'on a vu tes fils, des prêtres et des rois,
Ton sceptre en main, les pieds chaussés dans tes sandales,
Imitant tes bourreaux, reclouer l'Homme en croix.

Eh bien, qu'importe à ceux que ta lumière inonde !
En es-tu moins la vie et l'espoir incarné,
Le vrai Verbe vivant, le vrai salut du monde ?
Seul tu conçus l'amour, seul tu nous l'as donné !

Nul de tes précurseurs n'est vivant dans notre âme
Pour nous c'est ton nom seul qui signifie amour ;
Dix-neuf siècles déjà se sont transmis ta flamme,
Et chaque heure est ton heure et chaque jour ton jour !

Quelques versets tombés de ta lèvre divine,
Quelques gestes inscrits dans un livre inspiré,
Le drame d'une mort où l'espoir se devine,
Voilà de quoi le monde est encor pénétré.

Par de pauvres chansons qui disent ta légende,
Par des drames naïfs et des acteurs de bois,
Ta parole aux enfants se transmet simple et grande
Et souffle en eux de tous les côtés à la fois.

Certes, nous sommes loin des beautés de ta vie :
L'avarice et la haine occupent nos instants ;
Notre fange a couvert ta trace mal suivie,
Mais ton pur souvenir nous sauve en tous les temps.

C'est un dernier rayon de ta lointaine étoile,
C'est un mot familier qui te répète en nous,
C'est Véronique avec ta face sur son voile,
C'est le Cyrénéen essuyant tes genoux ;

C'est Pilate, lavant ses mains du sang du Juste,
C'est l'amitié de Jean qui n'abandonne pas,
Et nos cœurs sont la Table où ton Verbe s'incruste,
Et ton nom retentit sous chacun de nos pas.

Ta vie est le flambeau dont l'univers s'éclaire
Sans la simplicité de tes légendes d'or,
Ton cœur n'entrerait pas dans le cœur populaire
Qui sent, lorsque l'esprit ne conçoit pas encor.

L'amour n'est pas un fruit des veilles du génie
La mère et son enfant se l'expliquent tout bas
Ta charité, ce n'est qu'une femme infinie
Qui voit des fils partout et ne distingue pas.

C'est ce cœur élargi que tu nous fais comprendre,
C'est l'homme ayant pitié de l'homme faible et nu,
C'est l'âme de chacun se faisant mère tendre
Pour protéger dans tous l'avenir inconnu.

Un seul flambeau qu'on penche en allume cent mille;
Ton seul cœur généreux suffit au genre humain,
Et ce mot : AIMEZ-VOUS, où tient tout l'Évangile,
Multiplie à jamais tes poissons et ton pain.

Pour que le boiteux marche et que l'aveugle voie,
Tu parlas de tendresse... et le sourd te comprit!
Et les infirmités tressaillirent de joie...
Voilà ton grand miracle : il est tout en esprit.

L'âme humaine, c'était Lazare. Elle était morte.
Tu vins pleurer sur elle. Oh ! comme tu l'aimais !
Et maintenant, toujours plus vivante et plus forte,
Les yeux sur ton amour, elle y marche à jamais.

Elle y marche à travers le crime et la souffrance...
Comme Pierre, elle t'a trahi, mais en t'aimant,
Et le chaos du mal n'est rien qu'une apparence
Où ton verbe caché monte invinciblement.

Deux mille ans ont à peine ouvert le gland du chêne
Qui tiendra sous ton nom l'univers abrité...
Ta victoire sur tous les cœurs n'est pas prochaine,
Mais qu'importe le temps à ton éternité ?

Le monde passera, car il faut que tout meure,
La terre sous nos pieds, le ciel sur notre front ;
Mais par delà la mort ta parole demeure :
Heureux les derniers nés du monde : ils te verront !

TABLE

TABLE

Dédicace.. 1
Les pèlerins, prière dans le soir 5

Les bergers dans la montagne.................... 17
L'hôtellerie de Bethléem 23
Les bergers dans l'étable 27
Naissance de la pitié 33
La fuite en Égypte.............................. 35
L'enfant au berceau............................. 39

À douze ans ... 41
Le grand chagrin ... 47
Il croissait devant Dieu ... 49
Jean-Baptiste ... 55
La tentation ... 61
Le filet ... 65
Discours sur la montagne ... 67
La paix en retour ... 77
Le lumignon ... 79
Bons grains ... 81
La fille de Jaïre ... 85
Le bon Samaritain ... 87
Le pain multiplié ... 89
Les fourmis ... 91
Trop peu d'ouvriers ... 93
Les colombes ... 95
La barque engravée ... 97
La Proue ... 99
Il commande aux tempêtes ... 101
L'infini miracle ... 103
Les petits enfants ... 107
Les commérages ... 111
La femme ... 113

La Samaritaine 11
Marie-Magdeleine 11
Marthe et Marie 12
L'inscription sur la terre 12
Le bœuf 12
L'ane 13
L'argile 13
Chez Marie, mère du Christ 13
Le sommeil 14
Le triomphe 14
Sur le parvis du Temple 15
La colère 16
L'indignation publique 16
Le banquet 16
La sueur de sang 17
La grande solitude 17
La preuve est en nous 18
Le baiser de Judas 18
L'épée 18
Le regard 18
Le soufflet 19
Judas 19
La justice du peuple 19

La vengeance 203
Le roseau 205
La croix 207
Le bois vert 209
Le Juif errant 211
Le Cyrénéen 213
Véronique 217
La face sur le voile 219
L'horizon du Calvaire 221
Le trou dans le roc 223
Le bourreau sur l'échelle 225
Les invectives de la foule 227
Les deux larrons 231
Au bon voleur 233
Le doute suprême 237
Le testament d'amour 241
Ou sont les autres ? 243
Jean 247
Le chemin vers Dieu 251
Propos de foule 255
C'est lui qui veille 261
L'homme meurt seul 263
La gloire des lys 265

JOSEPH D'ARIMATHIE CHEZ PILATE 271
MAGDELEINE.................................... 275
LA VISITE AU TOMBEAU............................ 277
LA RÉSURRECTION 279
LES DERNIÈRES PAROLES DU LIVRE DE JEAN............ 281

IL EST ÉTERNEL 283

15735-11. — CORBEIL. Imprimerie CRÉTÉ.

38

www.ingramcontent.com/pod-product-compliance
Ingram Content Group UK Ltd.
Pitfield, Milton Keynes, MK11 3LW, UK
UKHW012015240726
13965UKWH00002B/380